KB204270

소선지서 강해설교

요엘

부흥을 기다리는 사람들

소선지서 강해설교

요엘

부흥을 기다리는 사람들

김서택 지음

홍성사

마른 땅에 단비 같은 성령을 사모하라

얼마 전 텔레비전 뉴스에서 올해 가뭄이 유달리 심하여 서울 부근의 댐 저수율이 30-40퍼센트밖에 안 된다고 걱정하는 소리를 들었습니다. 그러나 사람들의 마음속에는 마실 물이 없어서 목마른 것보다 더 심한 갈급함이 있습니다. 우리가 살고 있는 사회에서는 이 갈급한 가슴을 적셔 줄 만한 시원한 것을 찾을 수 없습니다. 이 답답함과 갈급함을 해결해 주실 수 있는 분은 오직 하나님 한 분뿐입니다.

요엘 선지자가 구체적으로 어느 시기 사람이었는지는 분명히 알 수 없습니다. 그러나 당시에 유다는 심한 병충해와 가뭄으로 고생하고 있었고, 그중에서도 메뚜기 재앙은 전례를 찾아볼 수 없을 정도로 심각했습니다. 하나님께서는 이 무서운 재앙이 지나간 뒤에 하나님의 신을 부어 주겠다고 말씀하셨습니다. 요엘서가 특히 중요한 것은, 베드로 사도가 오순절에 성령이 임하신 현상을 요엘서에 기록된 예언의 성취로 적용했기 때문입니다. 이것은 구약 이스라엘의 모든 축복이 신약 교회에서 이루어질 것을 믿는 데 아주 중요한 근거가 됩니다.

오늘 우리 마음속에 있는 갈급함은 성령의 부으심을 사모하라는 하나님의 부르심입니다. 요엘은 모든 유다 사람들, 심지어 신랑과 신부, 노인들까지 초청하여 기도에 동참할 것을 호소했습니다. 오늘 우리가 이 호소와 부르심에 응답함으로써, 다시 한 번 이 땅에 큰 부흥의 역사가 나타나기를 기도합니다.

2002년 봄,
대구 수성교 옆에서

김의원

차 례

머리말_ 마른 땅에 단비 같은 성령을 사모하라   4

1. 전대미문의 메뚜기 재앙(1:1-14)   9

2. 어두운 여호와의 날(1:15-2:11)   35

3. 참된 회개의 요청(2:12-20)   55

4. 회복시키시는 하나님(2:21-27)   75

5. 성령의 부으심(2:28-32)   95

6. 하나님의 심판(3:1-8)   115

7. 복음의 선전포고(3:9-21)   137

1

전대미문의 메뚜기 재앙

요엘 1:1-14

^{1:1} 여호와께서 브두엘의 아들 요엘에게 이르신 말씀이라.

² 늙은 자들아, 너희는 이것을 들을지어다. 땅의 모든 거민아, 너희는 귀를 기울일지어다. 너희의 날에나 너희 열조의 날에 이런 일이 있었느냐?

³ 너희는 이 일을 너희 자녀에게 고하고 너희 자녀는 자기 자녀에게 고하고 그 자녀는 후시대에 고할 것이니라.

⁴ 팟종이가 남긴 것을 메뚜기가 먹고 메뚜기가 남긴 것을 늦이 먹고 늦이 남긴 것을 황충이 먹었도다.

⁵ 무릇 취하는 자들아, 너희는 깨어 울지어다! 포도주를 마시는 자들아, 너희는 곡할지어다. 이는 단 포도주가 너희 입에서 끊어졌음이니

⁶ 한 이족이 내 땅에 올라왔음이로다. 그들은 강하고 무수하며 그 이는 사자의 이 같고 그 어금니는 암사자의 어금니 같도다.

⁷ 그들이 내 포도나무를 멸하며 내 무화과나무를 긁어 말갛게 벗겨서 버리니 그 모든 가지가 하얗게 되었도다.

⁸ 너희는 애곡하기를 처녀가 어렸을 때에 약혼한 남편을 인하여 굵은 베로 동이고 애곡함같이 할지어다.

⁹ 소제와 전제가 여호와의 전에 끊어졌고 여호와께 수종드는 제사장은 슬퍼하도다.

¹⁰ 밭이 황무하고 토지가 처량하니 곡식이 진하여 새 포도주가 말랐고 기름이 다하였도다.

¹¹ 농부들아, 너희는 부끄러워할지어다. 포도원을 다스리는 자들아, 곡할지어다. 이는 밀과 보리의 연고라. 밭의 소산이 다 없어졌음이로다.

¹² 포도나무가 시들었고 무화과나무가 말랐으며 석류나무와 대추나무와 사과나무와 및 밭의 모든 나무가 다 시들었으니 이러므로 인간의 희락이 말랐도다.

¹³ 제사장들아, 너희는 굵은 베로 동이고 슬피 울지어다. 단에 수종드는 자들아, 너희는 곡할지어다. 내 하나님께 수종드는 자들아, 너희는 와서 굵은 베를 입고 밤이 맞도록 누울지어다. 이는 소제와 전제를 너희 하나님의 전에 드리지 못함이로다.

¹⁴ 너희는 금식일을 정하고 성회를 선포하여 장로들과 이 땅 모든 거민을 너희 하나님 여호와의 전으로 몰수히 모으고 여호와께 부르짖을지어다.

가끔 강가나 바닷가에 매여 있는 배 위에 아이들이 올라가 놀 때가 있습니다. 배 위에서 노는 거야 상관없지만, 그럴 때 꼭 주의해야 할 점은 배를 매어 놓은 밧줄을 풀면 절대 안 된다는 것입니다. 그러나 밧줄을 꼭 풀어야 직성이 풀리는 장난기 심한 아이들이 항상 있게 마련입니다. 그런 아이들이 생각 없이 끈을 풀어 버리면 어떤 일이 벌어집니까? 처음에는 제자리에 가만히 떠 있는 것 같았던 배가 시간이 지나면서 조금씩 조금씩 강이나 바다 한복판으로 떠밀려 갑니다. 배에는 노도 없고, 소리를 질러 본들 들어 줄 사람도 없습니다. 겁에 질린 채 어찌할 바를 모르던 아이들은 물로 뛰어들기 십상입니다. 그러나 배 위에서 볼 때는 가까워 보이던 육지가 실제로 물에 뛰어들어 보면 굉장히 멀다는 것을 알게 되지요. 이처럼 멋모르고 남의 배에 올라가 밧줄을 풀었다가 익사하는 안타까운 경우가 가끔 있습니다.

　우리는 인생살이에서 갑자기 '곤두박질치는' 사람들을 보곤 합니다. 어떤 사람은 사업을 무리하게 확장시키다가 부도를 냅니다. 그리고 이렇게 한번 부도가 나면, 전에 아무리 수입 많은 사업을 하던 사람이라 해도 그동안 잘살았던 시절이 전혀 기억나지 않을 정도로 순식간에 모든 것을 잃고 맙니다.

요엘 선지자는 비교적 큰 어려움 없이 지내 온 유다 백성들에게, 지금까지 한 번도 경험해 보지 못한 큰 재앙을 당하게 될 것이라고 예언합니다. 그 재앙은 다름아닌 메뚜기 재앙입니다. 이 재앙이 얼마나 엄청난가 하면, 나이 많은 노인들조차 과거에 이런 재앙을 겪은 기억이 없을 정도입니다. 전 세계 어느 곳 사람들도 경험하거나 들어 보지 못했을 정도입니다.

하나님의 백성들이 살고 있는 땅에 이처럼 들도 보도 못한 재앙, 하나님을 믿지 않는 족속들조차 겪어 본 적이 없는 무시무시한 재앙이 일어나는 이유가 무엇입니까? 그것은 유다 백성들이 마치 장난기 심한 아이들처럼 배를 매어 놓은 밧줄을 제 마음대로 풀어 버린 탓입니다. 하나님께서는 유다 백성들에게 "이 땅에서 너희가 원하는 대로 마음껏 살아라. 그러나 율법의 끈만큼은 풀어서는 안 된다"고 말씀하셨습니다. 율법은 가나안 땅에 그들을 매어 놓는 끈이자 하나님의 은혜에 그들을 매어 놓는 끈이었습니다. 그들은 자기 나름대로 장사할 수도 있었고 농사지을 수도 있었습니다. 집을 지을 수도 있었고 취미생활을 할 수도 있었습니다. 그러나 하나님의 율법만큼은 파괴시키지 말아야 했습니다. 만약 율법을 파괴시킬 시에는 그동안 누리던 모든 축복을 잃을 수밖에 없다는 것을, 하나님의 선지자들은 수차에 걸쳐 그들에게 경고하곤 했습니다.

요엘 선지자 개인에 대해서는 거의 알려진 바가 없습니다. 1장 1절에 나오듯이 그는 브두엘의 아들이었습니다. 그는 비교적 초기에 남쪽 유다에서 예언했으며, '여호와는 하나님이시다'라는 대단히 고백적인 뜻의 이름을 가지고 있었습니다. 그 외에는 그에 대해 알 수 있는 내용이 없습니다.

그러나 1장 5절을 볼 때, 유다 백성들이 요엘 때까지는 비교적 평탄하게 살아왔다는 사실을 알 수 있습니다. "무릇 취하는 자들아, 너희는 깨어 울지어다! 포도주를 마시는 자들아, 너희는 곡할지어다. 이는 단 포도주가 너희 입에서 끊어졌음이니." 유다 백성들은 포도주에 취할 정도로, 단 포도주를 마음껏 마실 수 있을 정도로 평안하고 풍족하게 살아왔습니다. 그러나 이제는 결코 평탄하게 살 수 없을 것입니다. 노인들도 기억하지 못하고 이방 땅에서조차 들어 본 적 없는 무시무시한 재앙이 유다를 덮쳐 올 것입니다.

전대미문의 메뚜기 재앙

요엘 선지자의 설교는 질문으로 시작됩니다. "늙은 자들아, 너희는 이것을 들을지어다. 땅의 모든 거민아, 너희는 귀를 기울일지어다. 너희의 날에나 너희 열조의 날에 이런 일이 있었느냐?" (1:2)

그는 먼저 노인들에게 질문합니다. 지금까지 살아오면서 이런 일에 대해 들어 본 적이 있느냐는 것입니다. 그리고 땅의 모든 거민들에게 질문합니다. 도대체 다른 여러 나라에서라도 이런 일에 대해 들어 본 적이 있느냐는 것입니다. 무슨 뜻입니까? 지금 요엘이 이야기하려는 것은 먼 과거까지 기억하는 노인들도, 이방 어떤 나라 사람들도 경험하거나 들어 보지 못한 일이라는 것입니다. 그

뿐 아니라 이것은 앞으로도 다시는 일어나지 않을 일이라고 말합니다. "너희는 이 일을 너희 자녀에게 고하고 너희 자녀는 자기 자녀에게 고하고 그 자녀는 후시대에 고할 것이니라"(1:3).

요엘 선지자는 본론을 바로 이야기하는 대신, 사람들의 관심부터 끌어 모으고 있습니다. "아마 어르신들도 이런 이야기는 한 번도 들어 본 적이 없으실걸요" 하니까, "뭔데? 일제 시대 이야기 말고 또 있나? 동학 때 이야기 하려구? 그것도 아니면 임진왜란 때 이야기야?" 하면서 노인들이 몰려들기 시작합니다. 또 "세상 어느 나라 사람들도 이런 일은 듣도 보도 못했을걸" 하니까 "대체 무슨 이야기인데 그래?" 하면서 아저씨, 아주머니들이 관심을 나타냅니다. "아이들이 커서 그 자녀들에게 이 이야기를 하고, 그 자녀들이 커서 또 그 자녀들에게 이 이야기를 하게 될 거야" 하니까 아이들이 몰려와서 "아저씨, 그게 뭔데요?" 하고 묻습니다.

그렇게 몰려든 청중에게 선지자가 하는 이야기가 무엇입니까? "팟종이가 남긴 것을 메뚜기가 먹고 메뚜기가 남긴 것을 늣이 먹고 늣이 남긴 것을 황충이 먹었도다"(1:4). 사람들을 잔뜩 긴장시켜 놓고 하는 말이, 무서운 메뚜기 재앙이 한 번도 아니고 여러 번 닥친다는 것입니다. 팟종이가 지나간 자리에 메뚜기가 찾아오고, 메뚜기가 지나간 자리에 늣이 찾아오고, 늣이 지나간 자리에 황충이 찾아와서 온 유다 땅을 완전히 황폐하게 만든다는 것입니다.

안타깝게도 이것은 우리에게 그리 실감나는 재앙이 아닙니다. 우리에게는 메뚜기가 전혀 위협적인 곤충이 아니기 때문입니다. 오히려 메뚜기는 먹을 것 없던 어린 시절에 즐겨 구워 먹던 먹을거리였습니다. 만약 그때 메뚜기 재앙이 온다는 말을 들었다면 "오라, 메뚜기여! 안 그래도 반찬 없는데 잘됐다! 오늘은 메뚜기,

내일은 개구리, 얼마든지 오라!" 하면서 환영했을 것입니다. 그러나 그것은 메뚜기 떼의 습격이 얼마나 무서운지 몰라서 하는 말입니다. 메뚜기 떼가 한번 몰려들었다 하면 일주일 동안 하늘이 캄캄합니다. 메뚜기 떼는 나무, 풀 할 것 없이 눈에 띄는 것은 모조리 갉아먹어 버립니다. 산이나 들판이 완전히 폭탄을 맞은 것처럼 엉망이 되어 버립니다. 고대에는 원자폭탄만큼 무서운 것이 바로 메뚜기 떼였습니다.

그런데 문제는 요엘의 설교를 듣고 있던 유다 백성들 역시 메뚜기 재앙이 얼마나 무서운지 실감하지 못했다는 것입니다. 그들 역시 메뚜기의 위협적인 공격을 경험해 본 적이 없었습니다. 그래서 팟종이가 남긴 것을 메뚜기가 먹고 메뚜기가 남긴 것을 늣이 먹고 늣이 남긴 것을 황충이 먹는다는 말을 듣고서도 별로 심각하게 생각하지 않았습니다. 그저 어깨를 한 번 으쓱하면서 '메뚜기 같은 걸 가지고 뭘 그리 소란이야?' 하는 식의 반응을 보였을 뿐입니다.

그래서 6절의 설명이 연이어 나오고 있습니다. "한 이족이 내 땅에 올라왔음이로다. 그들은 강하고 무수하며 그 이는 사자의 이 같고 그 어금니는 암사자의 어금니 같도다." 메뚜기에 대해 이보다 더 잘 설명할 수가 없습니다. 이 족속은 강하고 무수한데, 특히 어금니가 특징적이라는 것입니다. 이 어금니에 한번 걸리면 아무리 굵은 나무도 남아날 길이 없습니다. 마치 사자의 어금니 같아요. 사자 중에서도 암사자의 어금니는 어떤 짐승의 이빨보다 무섭고 강한 이빨입니다.

여기에서 우리에게 의문이 드는 것은, 대체 팟종이는 무엇이고 메뚜기는 무엇이며 늣은 무엇이고 황충은 무엇이냐 하는 점입니다. 이에 대해 학자들마다 다른 의견을 내놓고 있습니다. 그중에 어떤 학자는 팔레스타인에 약 80여 종의 메뚜기 종류가 있는데, 그중에서 가장 무섭고 사나운 메뚜기 종류일 것이라고 추측하기도 합니다. 그런데 저는 입장이 조금 다릅니다. 저는 이것을 가장 어린 메뚜기부터 가장 늙은 메뚜기까지 시기별로 가리키는 이름으로 보는 것이 좋다고 생각합니다.

가장 어린 메뚜기가 '팟종이'입니다. 팟종이의 특징은 무엇이든지 엄청나게 먹어 치운다는 데 있습니다. 팟종이의 별명이 영어로 '커터'(cutter)입니다. 마치 절단기처럼 모든 것을 잘라서 해치워 버린다는 뜻입니다. '메뚜기'로 번역된 히브리어는 '아레베'로서, 흔히 쓰이는 메뚜기의 명칭입니다. 메뚜기는 그 수가 어마어마하게 많다는 특징을 가지고 있습니다. '늣'은 메뚜기보다 좀 더 큰 종류로서 털이 많고 흉측하게 생겼습니다. 마지막에 나오는 '황충'은 가장 늙은 메뚜기입니다. 즉 여기에 나오는 이름들은 전부 메뚜기 종류를 가리키는데, 가장 어린 것에서부터 나이 든 것까지 다 망라하고 있다는 것입니다.

그렇다고 해서 동일한 메뚜기 떼가 여러 번 지나가는 것으로 생각할 필요는 없습니다. 요엘이 말하고자 하는 초점은, 무시무시한 메뚜기 재앙이 한 번이 아니라 여러 번 반복해서 지나간다는 데 있습니다. 그렇게 여러 번 재앙이 지나가고 나면 어떻게 될까요? 집은 무너지고 과수원과 밭은 황폐해지며 산의 나무와 들판의 풀들은 모조리 사라져 버릴 것입니다. 유다는 완전히 벌거숭이가 되고 말 것입니다. 이것이 요엘 선지자가 말하고 있는 내용입니다.

메뚜기가 노리는 것

　사람들은 보통 '예언'을 미래에 일어날 일을 미리 예고해 주는 말로 생각하며, 그렇게 예언된 일을 피할 수 없는 운명으로 받아들입니다. 그렇게 본다면 예언은 현재의 삶과 크게 상관이 없을 것입니다. 그러나 성경의 예언은 그렇지 않습니다. 성경이 미래의 재앙을 예언하는 목적은, 사람들로 하여금 그 말씀을 듣고 현재의 잘못된 영적 상태를 고치게 하려는 데 있습니다. 즉 예언된 재앙은 운명이 아닙니다. 현재의 삶을 바로잡기만 하면 얼마든지 피할 수 있습니다.

　메뚜기 떼가 노리고 있는 것이 무엇입니까? "그들이 내 포도나무를 멸하며 내 무화과나무를 긁어 말갛게 벗겨서 버리니 그 모든 가지가 하얗게 되었도다"(1:7). 반복적인 메뚜기의 공격은 유다 땅 전부를 초토화시킬 것입니다. 그런데 그중에서도 제일 치명적인 타격을 입는 것은 포도나무와 무화과나무가 될 것입니다.

　포도나무와 무화과나무는 하나님께서 가나안 땅에서 주시는 축복의 상징이었습니다. "너희를 포도나무와 무화과나무 밑에 쉬게 하겠다"는 말씀은 곧 '내가 너희를 평강 가운데 지키며 풍성한 삶을 살게 해 주겠다'는 뜻이었습니다. 그러므로 다른 것은 몰라도 포도나무와 무화과나무만큼은 가나안 땅에 꼭 남아 있어야 했습니다. 그런데 메뚜기 떼가 이처럼 소중한 포도나무와 무화과나무를 전부 갉아먹어서 말갛게 만든다는 것입니다. 벼락 맞은 소나무가 하얗게 죽어 버리는 것처럼 포도나무와 무화과나무도 하얗게 죽어 버린다는 것입니다.

　그 정도가 얼마나 심한지에 대해 9절은 이렇게 말씀하고 있습니다. "소제와 전제가 여호와의 전에 끊어졌고 여호와께 수종드는 제사장은 슬퍼하도다." 소제는 곡식으로 드리는 제사이고 전제는 포도주로 드리는 제사입니다. 그런데 얼마나 곡식이 없고 포도주가 없던지 하나님께 제사를 드릴 수 없을 정도가 된다는 것입니다.

이를테면 교회에 오기는 왔는데 헌금을 드릴 돈이 한 푼도 없는 상황과 같습니다. 제가 어렸을 때에는 그런 사람들이 많았습니다. 가장 고통스러운 시간이 헌금 드리는 시간이었습니다. 아무리 호주머니를 뒤져도 하나님께 바칠 수 있는 돈이라고는 동전 몇 푼이 고작이었습니다. 그럴 때보다 더 민망한 경우가 없습니다. 더구나 풍족하게 살던 사람이 어느 날 갑자기 헌금 바칠 돈도, 교회 가기 위해 버스 탈 차비도 없는 지경이 된다면 정말이지 참담한 심정이 되지 않을 수 없을 것입니다.

자기 교인들에게 축복의 설교를 하고 싶지 않은 설교자는 아무도 없습니다. 아무리 작은 믿음이라도 인정해 주며 축복해 주고 싶은 것이 설교자의 마음입니다. 그런데 요엘은 설교자로서 그들이 가장 소중히 여기는 축복을 하나님이 빼앗아 가실 것과 철저한 파멸이 닥칠 것을 설교하고 있습니다. 파멸도 그런 파멸이 없을 것입니다.

요엘은 "너희는 애곡하기를 처녀가 어렸을 때에 약혼한 남편을 인하여 굵은 베로 동이고 애곡함같이 할지어다"(1:8)라고 말합니다. 이스라엘 백성들은 어렸을 때 약혼한 남자가 결혼하기도 전에 죽는 일을 가장 가슴 아프게 여겼습니다. 처녀들에게는 그보다 더 슬픈 일이 없었습니다. 그런데 요엘은 메뚜기 재앙이 닥치기 전에, 마치 그런 슬픈 일을 당한 처녀처럼 울라는 것입니다. 왜 그렇게 울어야 합니까? 유다 땅에서 모든 기쁨이 사라질 날이 곧 닥칠 것이기 때문입니다. "농부들아, 너희는 부끄러워할지어다. 포도원을 다스리는 자들아, 곡할지어다. 이는 밀과 보리의 연고라. 밭의 소산이 다 없어졌음이로다. 포도나무가 시들었고 무화과나무가 말랐으며 석류나무와 대추나무와 사과나무와 및 밭의 모든 나무가 다 시들었으니 이러므로 인간의 희락이 말랐도다"(1:11-12).

사람은 논이나 밭에서 풍성한 수확을 얻을 때 기쁨을 느끼는 법입니다. 유다 백성들은 지금까지 잘살았습니다. 밭에는 항상 무언가 얻을 것이 있었고, 포도나무나 무화과나무뿐 아니라 석류나무, 대추나무, 사과나무 같은 여러 과일 나무들이 열매를 맺었습니다. 지금까지 유다 백성들은 특별한 고생 없이 살아왔습니다. 포도주는 떨어지는 법이 없었고 밭에서는 밀과 보리가 생산되었습니다. 그런데 요엘은 이런 것들이 전부 없어져서 모든 기쁨이 사라지는 때가 온다는 것입니다.

그렇다면 하나님의 땅에서 이처럼 한순간에 모든 기쁨을 사라지게 만드는 원인이 대체 무엇입니까?

이 재앙의 원인

지금까지는 모든 부분에서 풍요로웠고 아무것도 문제 될 것이 없었습니다. 그러나 이 모든 축복은 하루아침에 사라져 버릴 것입니다. 놀랍게도 요엘 선지자는 그 원인을 설명하고 있지 않습니다. 다짜고짜 그들이 아끼는 포도나무와 무화과나무가 다 죽어 없어질 것이고 보리와 밀도 사라질 것이며 제사장들에게는 소제와 전제로 바칠 제물이 없어질 것이라고 하면서, 그 원인은 설명하고 있지 않습니다. 그 이유가 무엇일까요?

　그동안 이스라엘 백성들은 너무나도 편안하게 살아왔기 때문에 죄 설교를 듣기 싫어했습니다. 죄에 관한 말은 아예 들으려고 하지도 않았습니다. 그래서 요엘은 죄 설교를 하는 대신 그 죄가 가져올 결과를 단도직입적으로 이야기함으로써 그들에게 충격을 주고자 했던 것입니다.

　오늘 우리는 이 무서운 재앙에서 두 가지 중요한 중심점을 찾을 수 있습니다. 하나는 포도나무와 무화과나무이고, 또 하나는 제사장입니다. 메뚜기 떼는 포도나무와 무화과나무를 공격할 것입니다. 그리고 요엘은 13절에서 무려 세 번이나 제사장들을 부르면서, 그들부터 먼저 회개할 것을 촉구하고 있습니다. 결국 이 두 가지가 문제입니다. 이 두 가지를 이해하면 메뚜기 재앙의 원인을 찾을 수 있습니다.

　포도나무와 무화과나무는 하나님께서 가나안 땅에서 주시는 축복의 상징이었습니다. 다시 말해서 이 두 나무는 유다 백성들의 영적인 상태를 확인하는 영적인 온도계라고 할 수 있었습니다. 그들이 하나님의 말씀을 신실하게 지킬 때에는 이 두 나무에 열매가 맺혔습니다. 그러나 언약의 말씀을 무시하고 세상으로 나갈 때에는 열매가 맺히지 않았습니다. 이처럼 이 두 나무는 단순히 잘사느냐 못사느냐를 보여 주는 척도가 아니라, 그들이 얼마나 하나님의 말씀에 성실하게 살고 있는가를 보여 주는 척도 역할을 했습니다.

　배 위에서 놀고 싶어하는 아이들에게 "얼마든지 놀아도 좋은데, 밧줄은 풀면 안 돼. 밧줄을 풀면 배가 떠내려가서 아주 위험하단다"라고 주의를 주는 주인처럼, 하나님께서도 그 백성들에게 말씀의 끈만큼은 절대 풀어서는 안 된다고 경고하셨습니다. 가나안에서 농사도 짓고 직업도 갖고 결혼도 해서 아름답게 살되, 말씀의 끈만큼은 풀면 안 된다는 것입니다. 그 끈을 풀면 모든 것을 잃게 된다는 것입니다.

그런데 유다 백성들이 받은 유혹이 무엇입니까? 그 끈을 풀고 싶다는 것입니다. 사람은 매듭을 보면 풀고 싶습니다. 한번 싹 당겨 보고 싶어요. 유다 백성들은 율법의 말씀이 귀찮았습니다. 율법의 구속을 받지 않는 다른 족속들은 거짓말도 하고 속임수도 써 가면서 장사하니까 수입이 몇 배씩 되고, 결혼도 자기 마음대로 하니까 아내가 몇 명씩 됩니다. 그러니까 자기들도 그 끈을 확 풀어 버리고 싶은 것입니다.

오늘 우리는 어떻습니까? 공부할 것도 많고 즐기고 싶은 것도 많습니다. 그런데 하나님의 말씀을 들으면 이것도 안 되고 저것도 안 된다고 합니다. 그래서 마음속에 있는 끈을 확 풀어 버립니다. 물론 그렇다고 교회까지 다니지 않는 것은 아닙니다. 교회에는 왔다 갔다 하면서 자기 욕심대로 삽니다. 그러면 사는 게 재미있어집니다. 이제야 믿지 않는 사람들과 공정한 경쟁이 되는 것 같습니다. 예전에는 안 그래도 돈 모자라는데 십일조 내야 했고, 안 그래도 시간 없는데 주일마다 교회에 매여 있어야 했습니다. 다른 사람들은 일주일 내내 장사하고 일요일까지 장사해서 돈을 버는데, 자기는 장사도 못 하고 헌금까지 냈어요. 다른 학생들은 일주일 내내 공부하고 일요일에 특히 더 많이 공부하는데, 자기는 성가대 하고 청년부 한다고 공부 한 자 못 했습니다. 그런데 끈을 확 풀고 나니까 비로소 경쟁해 볼 만하다는 생각이 드는 것입니다. 그런데 미처 예상치 못했던 문제가 무엇입니까? 배가 떠내려가고 있는 것입니다. 어느 순간 정신을 차리고 보니 배가 바다 한복판까지 밀려가 있는 것입니다.

요엘이 이야기하는 바가 무엇입니까? 하나님의 백성들에게 최고로 위험한 일은 말씀의 *끈을* 푸는 것이라는 사실입니다. 어떤 경우에도 말씀의 끈을 풀면 안 된다는 거예요. 뭘 하더라도 말씀에 매인 상태에서 하라는 것입니다. 그런데 사실 말씀에 매여 있으면 되는 일이 하나도 없습니다. 공부도 안 되고 연애도 안 되고 확실히 놀 수도 없습니다. 이것도 아니고 저것도 아니에요. 그런데 하나님께서는 그렇게 살아야 한다는 것입니다. 이것이 하나님의 백성들에게 얼마나 어려운 숙제인지 모릅니다.

이스라엘 백성들은 하나님의 말씀을 버리고 눈에 보이는 포도나무와 무화과나무에 만족하며 살고 있었습니다. 그들은 이 나무들이 하나님의 말씀에 매여 있는 조건으로 주어졌다는 사실을 잊어버렸습니다. 하나님을 버리고 세상적으로 살면 이 나무들을 빼앗기게 되어 있다는 사실을 잊어버렸습니다.

오늘 우리가 이렇게 살 수 있는 것은 하나님께서 우리를 붙들어 주고 계시기 때문입니다. 그렇기 때문에 어떤 일을 해도 하나님과 나의 관계가 변할 정도로 하면 안 됩니다. 장사를 해도 하나님과 나의 관계가 변할 정도로 하면 안 되고, 연애를 해도 하나님과 나의 관계가 변할 정도로 하면 안 되며, 공부를 해도 하나님과 나의 관계가 변할 정도로 하면 안 됩니다. 내 마음대로 끈을 풀어 버리면 결국 모든 것을 다 잃게 됩니다.

우리 주변에는 말로는 교인이라고 하면서 실제로는 거짓말도 잘하고 술도 잘 마시고 남의 돈도 잘 떼어먹는 사람들이 많이 있습니다. 겉으로 보면 그런 사람들이 더 잘사는 것 같습니다. 그런데 요엘은 그가 탄 배가 떠내려가고 있다고 말합니다. 만약 그가 정말 구원받은 백성이라면 모든 것을 잃고 목숨 하나 딱 건질 것입니다. 그러나 구원받지 못한 백성이라면 배와 함께 물에 휩쓸려 멸망하고 말 것입니다. 말씀의 끈을 풀어 버린 백성들을 하나님께서 손보시는 때가 반드시 옵니다. 그래서 하나님의 말씀 없이 잘 사는 것은 절대 잘사는 것이 아닙니다. 하나님의 말씀 없이 성공하는 것은 절대 성공하는 것이 아니에요. 한번은 위기가 찾아오게 되어 있습니다.

부흥이 무엇입니까? 그런 위기가 닥치기 전에 말씀을 듣고, 자기가 지금 얼마만큼 떠내려갔는지 깨닫는 것입니다. 말씀에서 10미터 떠내려갔는지 100미터 떠내려갔는지 발견하고, 더 떠내려가기 전에 하나님께 돌아오기 위해 마구 소리지르며 살려 달라고 울부짖는 것입니다. 그러면 건짐받을 수 있습니다. 그러나 말씀을 듣지 않으면 당장은 편한 것 같아도, 어느새 바다 한복판까지 밀려가 버리게 됩니다. 그렇게 되면 건짐받기가 어렵습니다.

두번째 중심점은 제사장입니다. 제사장이 어떤 사람입니까? 하나님의 백성들이 말씀을 떠나 세상으로 떠내려가고 있을 때 경고해 주는 사람입니다. 백성들이 말씀의 끈을 풀고 있을 때 "큰일날 짓 하네! 당장 배에서 내려!" 하면서 야단치고 혼내는 사람이 제사장이에요. 그런데 제사장들이 그 역할을 하지 않았습니다. 왜 하지 않았습니까? 소제물과 전제물이 계속 들어오고 있었기 때문입니다. 다들 헌금 잘 내고 있는데 뭐 때문에 성질을 건드려서 관계를 불편하게 만들겠습니까? 그래서 그들이 세상으로 흘러가고 있는 것을 보면서도 입을 다물어 버린 것입니다. 하나님께서 요엘을 통해 말씀하시는 것이 무엇입니까? 제사장들은 제물이 안 들어와야 정신을 차린다는 것입니다. 소제와 전제로 바칠 포도주와 밀이 안 들어와야 비로소 눈물을 흘리고 통곡을 하지, 그 전에는 절대 정신 못 차린다는 것입니다.

예전에 서울에 '지렁이 파동'이 벌어진 적이 있었습니다. 지렁이의 영양가가 아주 높다고 해서, 지렁이를 키워 분양하는 사업이 유행했습니다. 어떤 교회의 교인 한 명도 그 사업을 했는데, 온 교인이 거기에 뛰어들어 난리가 났습니다. 그런데도 교회에서는 그 사람에게 아무 말도 하지 않았습니다. 얼마 후에 이 지렁이 때문에 여러 가정이 파산했고, 처음에 이 사업을 교회에 끌어들였던 사람은 결국 사기 혐의로 구속되기에 이르렀습니다.

결과가 다 나타난 후에 제사장 역할을 하려 들면 너무 늦습니다. 당장 관계가 불편해지는 것을 감수하고서라도, 앞으로 닥칠 결과를 내다보고 미리 바른말을 해 주어야 합니다. 자꾸 경고의 나팔을 불어서 파멸이 오기 전에 정신을 차리게 해야 합니다. 하나님을 모르는 사람들은 눈에 보이는 것에 만족하면서 제멋대로 살아도 됩니다. 그러나 하나님의 백성은 다릅니다. 하나님의 백성이 말씀의 끈을 풀고 눈에 보이는 것을 좇아가면 반드시 파멸이 오게 되어 있습니다. 제사장은 그 결과를 예측하고 미리 경고해 주어야 합니다.

요엘은 유다 백성들의 죄부터 지적하지 않았습니다. 죄 이야기는 해도 듣지 않을 것이기 때문입니다. 그는 그들이 가장 중요하게 생각하는 것부터 단도직입적으로 이야기했습니다. 메뚜기 떼가 반복적으로 쳐들어와서 그들이 최고로 아끼는 무화과나무와 포도나무를 다 죽인다는 것입니다. 밀과 보리를 모조리 없애 버린다는 것입니다. 제사장에게 소제물과 전제물이 안 들어온다는 것입니다. 그때서야 비로소 사람들이 충격을 받기 시작합니다.

오늘날 교인들도 죄 설교를 듣기 싫어합니다. 아무리 "현재 여러분들의 삶은 하나님의 말씀에서 떠나 있습니다"라고 설교해 봐야 아무도 듣지 않습니다. 자신들이 움켜쥐고 있는 그 소중한 것이 과연 어떻게 될 것인지에 대해 단도직입적으로 공격하지 않으면 아예 들으려고도 하지 않습니다. 그러나 죄 설교를 들을 때에는 울지 않던 사람도 자기 건강이 회복될 수 없는 상태로 악화되었다는 사실을 알게 되면 웁니다. 하나님의 말씀 앞에 눈 하나 깜짝하지 않던 사람도 자녀가 대학시험에 떨어지면 눈물을 터뜨리고, 애지중지 사 모은 주식의 주가가 폭락하면 애통해하며 통곡합니다. 물론 그것은 회개의 눈물이 아닙니다. 분해서 우는 것이지요.

유다 사람들이 그러했습니다. 미리 정신차리자고 아무리 외쳐도 눈 하나 깜짝하지 않았습니다. 농사 잘되고 있는데, 다른 수입다 착착 잘 들어오고 있는데 무서울 게 뭐가 있겠습니까? 그런데 요엘이 "무화과나무와 포도나무가 다 죽어 버린다"고 하니까 충격을 받습니다. "밀과 보리가 다 없어진다"고 하니까 깜짝 놀랍니다. 제사장한테도 다른 이야기 할 필요 없이 "소제물과 전제물 안 들어온다"고 하니까 비상이 걸립니다.

오늘 말씀은 오늘날 교회와 교인들의 모습을 너무도 생생하게 보여 주고 있습니다. 오늘 우리 믿는 사람들의 숙제는 하나님의 말씀에 매여서 아무것도 못 한다는 것입니다. 유학 가고 싶어도 하나님의 뜻 확인하다가 몇 년이 휙 흘러가 버리고, 결혼하고 싶어도 하나님의 뜻 찾다가 나이가 들어 버립니다. 믿지 않는 사람들은 유학 가고 싶으면 가고, 자기 마음에 드는 사람 있으면 그냥 결혼해 버립니다. 그런데 하나님의 말씀대로 살려고 하는 사람은 너무나 걸리는 게 많습니다. 도무지 되는 일이 없어요. 그래서 끈을 확 풀어 버립니다. 교회는 다니고 봉사는 좀 하겠지만, 나머지 부분에서는 다른 사람들과 똑같이 살겠다는 것입니다. 또 목회자들은 목회자들대로 말씀대로 살라고 강조하면 교인도 줄어들고 헌금도 줄어드니까, 교인들이 떠내려가든지 말든지 상관하지 않고 복을 빌어 줍니다.

이것은 함께 망하는 길입니다. 오늘날 교회가 쇠퇴하는 이유가 바로 여기에 있습니다. 교인들은 세상적인 욕심을 버리지 못합니다. 말씀대로 살려고 생각하다 보니까, 말씀대로 살아서 성공한 사람을 별로 못 본 거예요. 말로는 믿음으로 복 받았다고 하는데, 실제로는 세상적인 방법으로 인정도 받고 성공도 하더라는 것입니다. 직업주의에 빠진 목회자는 이런 태도를 더욱 부채질합니다. "죽든 살든 말씀을 붙들어 보십시오. 분명히 성경의 약속대로 됩니다. 이 고비만 잘 넘기십시오. 세상과 말씀에 양다리를 걸치고 어중간하게 믿으면 다 잃습니다. 힘을 내서 함께 이 길로 갑시다" 하는 말을 못 합니다.

세상 사람들과 그리스도인들은 세상 사는 원리가 완전히 다릅니다. 세상 사람들은 제 마음대로 끈을 풀고 삽니다. 그리고 배가 어디로 흘러가든지 상관하지 않습니다. 그러나 예수 믿는 사람들은 끈을 풀면 안 됩니다. 끈에 매인 상태에서 모든 일을 해야 합니다. 기도하면서 공부해야 하고, 성경 읽으면서 장사해야 합니다. 죄인지 아닌지 애매한 경우에 부닥칠 때마다 고민하고 기도하면서, 말씀으로 확인해 가면서 나아가야 합니다.

그리스도인의 풍성한 삶은 눈에 보이는 것들에 달려 있지 않습니다. 눈에 보이는 것들은 한순간에 날아가 버릴 수 있습니다. 물론 생활의 풍성함은 우리를 기쁘게 합니다. 생활에 여유가 있으면 아무래도 마음이 든든합니다. 그러나 이것은 하나님과의 바른 관계에 뒤따라오는 선물에 불과합니다. 거기에 마음을 빼앗겨 믿음을 잃게 될 때에는, 그 선물들을 잘라 내서라도 바른 신앙을 회복해야 합니다.

하나님의 백성에게 물질적인 풍요는 축복인 동시에 시험입니다. 물질적으로 풍요한데도 겸손한 사람은 그것을 축복으로 누리고 있는 것이지만, 물질적인 풍요 때문에 교만해진 사람은 시험에 걸려든 것입니다. 승진했는데도 여전히 겸손하게 기도로 매달리고 말씀을 붙드는 사람은 승진을 축복으로 누리고 있는 것이지만, 승진했기 때문에 너무 바빠서 기도하지 못하고 교만해진 사람은 바다 한복판으로 떠내려가고 있는 것입니다.

나라와 교회의 형편이 어려웠던 시절에는 그래도 사람들이 바로 믿으려고 애를 썼습니다. 그런데 이상하게도 먹고살 만해지면 죄를 겁내지 않는 것이 우리의 성향입니다. "이 정도는 예수님 피로 용서받을 수 있어" 하면서 겁을 안 내요. 물론 예수님 피로 용서받을 수 있다는 말은 맞습니다. 그래도 그리스도인은 죄짓는 것을 겁내야 합니다. 교회도 마찬가지입니다. 교인 수가 늘어나고 교회가 대형화될수록 하나님의 말씀을 거스르는 데 겁을 내지 않고, 실용주의를 모든 문제의 해답으로 삼아 버립니다. 결과만 좋으면 된다는 거예요. 그러나 교회가 커지면 커질수록 교만해질까 봐 겁을 내고 인간적인 것을 자랑하게 될까 봐 겁을 내야 제대로 성장하는 것이지, "우리 교회보다 더 좋은 교회 있으면 나와 보라고 해" 하면서 자랑하고 다른 교회를 정죄한다면 이미 바다 한복판으로 떠내려가고 있다고 보아야 합니다.

우리는 IMF라는 메뚜기 재앙을 이미 경험한 바 있습니다. 경제학자들은 제2차 IMF의 가능성에 대해서도 경고하고 있습니다. 그런데 우리나라 사람들은 그것을 별로 두려워하지 않는 것 같습니다. 재앙을 겪을 때는 우는 소리를 내지만, 일단 지나가고 나면 잊어버립니다. 그러나 요엘이 하는 말이 무엇입니까? 팟종이가 지나간 후에 메뚜기가 온다는 것입니다. 메뚜기가 지나간 후에 늣이 온다는 것입니다. 늣이 지나간 후에 황충이 온다는 것입니다. 다시 말해서 하나님과의 관계가 바로 회복될 때까지 계속 반복해서 공격하신다는 것입니다. 그러니까 한 번의 어려움을 넘겼다고 안심하지 말라는 것입니다.

믿는 사람들이 하나님의 말씀을 떠나 세상과 타협할 때 가장 무서운 점은, 그렇다고 해서 어려움이 곧바로 닥치지는 않는다는 데 있습니다. 곧바로 어려움이 닥치면 정신을 차릴 텐데, 얼마간은 괜찮은 상황이 지속됩니다. 그러나 예배에는 벌써 징후가 나타나기 시작합니다. 예배에 성령의 역사가 나타나지 않습니다. 예배를 드리는데 하나님의 음성이 들리지 않습니다. 눈물이 없고 감동이 없습니다. 찬양에서도 생명력이 느껴지지 않습니다. 우리는 그런 예배를 드릴 때 굉장히 무서워해야 합니다. 예배드릴 때마다 하나님의 음성이 들리고 눈물이 나오고 감동이 느껴져야 정상입니다. 아무리 침체된 사람도 말씀을 들으면서 기도하고 싶은 생각이 들어야 정상이에요. 그렇지 않으면 위험한 것입니다.

사람들은 부도가 난다든지 담보 잡힌 집이 넘어간다든지 해야 재앙으로 여기고 정신을 차리지, 예배의 감동이 없어지고 생생한 하나님의 말씀을 듣지 못하는 것이 얼마나 무서운 재앙인지는 잘 모르고 넘어갑니다. 예수 믿는 사람들의 마음속에 은혜가 없어지면 안 믿는 사람들보다 훨씬 더 초조해지고 신경질적이 됩니다. 이것이 얼마나 무서운 일인지 모릅니다. 모이기만 하면 서로의 결점을 찾고 미워하고 당을 만드는 것이 얼마나 무서운 일인지 몰라요. 그런데도 아직은 교인 수가 줄어들지 않았기 때문에, 아직은 헌금이 걷히고 있기 때문에 마냥 안심하고 있습니다.

우리가 진짜 무서워해야 하는 재앙은 말씀을 듣고 싶은데도 하나님의 생생한 말씀이 들리지 않는 것입니다. 예배를 드려도 눈물이 나오지 않고 찬송을 불러도 기쁨이 없는 이것, 예배 시간에 자꾸 시계만 보게 되고 옆사람만 보게 되는 이것이, 사업이 부도나는 것이나 재산이 날아가는 것보다 훨씬 더 무서운 재앙입니다.

오늘날 많은 예배가 아무 감동 없이 드려지고 있습니다. 일요일이니까 그냥 습관적으로 드리는 것입니다. 그 예배에 하나님의 음성이 어디 있습니까? 기쁨이 어디 있습니까? 눈물이 어디 있습니까? 회개가 어디 있습니까? 이것은 경제적인 메뚜기 재앙보다 더 무서운 영적 메뚜기 재앙입니다. 영적인 메뚜기들이 우리나라를 계속 갉아먹고 있습니다. 그런데도 깨닫지 못하는 이유가 무엇입니까? 세상에 대한 미련을 버리지 못하고 있기 때문입니다. 그래서 IMF가 온 것에 대해서는 통곡하며 기도하면서도, 영적으로 고갈되고 은혜를 잃었다는 사실은 깨닫지 못하는 것입니다.

유일한 해결책

그렇다면 유다 백성들이 살 수 있는 유일한 길은 무엇입니까? "제사장들아, 너희는 굵은 베로 동이고 슬피 울지어다. 단에 수종드는 자들아, 너희는 곡할지어다. 내 하나님께 수종드는 자들아, 너희는 와서 굵은 베를 입고 밤이 맞도록 누울지어다. 이는 소제와 전제를 너희 하나님의 전에 드리지 못함이로다. 너희는 금식일을 정하고 성회를 선포하여 장로들과 이 땅 모든 거민을 너희 하나님 여호와의 전으로 몰수히 모으고 여호와께 부르짖을지어다" (1:13-14).

무엇보다 하나님께서 요구하시는 것은 유다 백성들이 하나님 앞에 모여 회개하는 것입니다. 하나님은 모든 거민들을 "몰수히" 모으라고 말씀하십니다. 이것은 닥치는 대로 모으라는 뜻입니다. 개인 사정 봐서 빼 주거나 돌려보내지 말고 노인이나 젊은이나 어린아이 할 것 없이 한 사람도 예외 없이 전부 하나님의 전에 모여서 부르짖으라는 것입니다. 포도나무와 무화과나무가 없어졌다고 부르짖지 말고, 밀과 보리가 없어졌다고 부르짖지 말고, 제물이 들어오지 않아서 제사가 중단되었다고 부르짖지 말고, 자신들 가운데 은혜가 사라지고 성령의 역사가 소멸된 일을 두고 부르짖으라는 것입니다.

참된 회개에 필요한 것이 무엇입니까? 첫째가 생각하는 것입니다. 자신이 원래 있었어야 할 위치와 가졌어야 할 모습이 어떤 것인지 생각하고, 거기에서 얼마나 멀리 떠내려왔는지 생각하는 것입니다. 그것을 깨닫지 못하면 눈물이나 애통이 나오지 않습니다. 유다 백성들은 '포도나무와 무화과나무가 중요한가, 말씀에 매여 있는 것이 중요한가'를 생각해야 합니다. 제사장들은 '사람들이 갖다 주는 소제나 전제 먹는 것이 내 할 일인가, 사람들이 싫어해서 제물을 다 가져간다고 해도 그들의 바른 위치를 가르쳐 주는 것이 내 할 일인가? 나에게 중요한 것은 월급인가, 하나님의 말씀을 바로 전하는 것인가?'를 생각해야 합니다.

무화과나무나 포도나무가 없어졌다고 우는 것은 회개가 아닙니다. 단지 현재의 형편이 어렵기 때문에 우는 사람은, 그 어려움만 사라지면 다시 원래 상태로 되돌아가게 되어 있습니다. 오히려 이 어려움을 기회 삼아 이제야말로 바른 신앙을 되찾고 하나님께 되돌아가겠다고 결심할 때, 비로소 무화과나무와 포도나무가 회복되는 것입니다. 아무리 사람들이 다 떠난다 해도 이제야말로 하나님의 말씀을 바로 전하겠다고 결심할 때, 비로소 진심으로 제사드리는 사람이 하나둘 생겨나게 되고 결국 제사장도 살 수 있게 되는 것입니다.

포도나무와 무화과나무가 황폐해져야 비로소 백성들이 관심을 보일 정도라면, 이미 갈 데까지 다 갔다고 보아야 합니다. 말씀만으로 깨닫지 못하고 소제물이나 전제물이 끊어져야 비로소 제사장들이 두려워할 정도라면, 이미 갈 데까지 다 간 것입니다.

무엇보다 큰 문제는 제사장들이 바른 말씀을 가르치지 않은 데 있었습니다. 그래서 요엘은 삼중으로 회개를 촉구합니다. "제사장들아, ……울지어다", "단에 수종드는 자들아, ……곡할지어다", "내 하나님께 수종드는 자들아, ……밤이 맞도록 누울지어다." 제사장들이 사람들과 타협하지 않고, 사람들의 기분에 맞출 생각 하지 않고, 오히려 욕먹을 각오로 성경 그대로만 가르쳤더라면 이런 상황까지는 오지 않았을 것입니다. 그러니까 제사장들부터 누워서 통곡하며 회개하라는 것입니다.

둘째로 참된 회개에 필요한 것은 겸손을 되찾는 것입니다. 유다에 이런 일이 생긴 것은 그들이 교만했기 때문입니다. 눈에 보이는 풍요 앞에 자신들의 죄성을 잊고 교만해졌기 때문입니다. 베옷을 입고 금식일을 선포하라는 것은 참된 겸손을 회복하라는 뜻입니다.

불안하고 위태한 상황에서도 하나님 앞에 겸손하고 정직하고자 애쓰는 사람이 가장 안전한 사람입니다. 이런 사람은 사람들이 열 마디 백 마디 칭찬해도 듣지 않습니다. 자기가 어떤 사람인지 잘 알고 있기 때문입니다. 그는 "오 하나님, 저를 살려 주십시오. 사람들은 모르지만 제 속에는 이미 교만이 파고 들어오고 있고, 제가 그것을 알면서도 용납하고 있습니다. 사람은 속일 수 있지만 하나님을 어떻게 속이겠습니까? 저를 도와주십시오!"하고 기도합니다. 그러면 하나님께서 그를 생명싸개로 싸서 사탄이 손대지 못하는 절벽 꼭대기로 옮겨 놓으십니다.

셋째로 참된 회개에 필요한 것은 앞으로 어떻게 생활을 바꿀 것인지 하나님 앞에 결단하는 것입니다. 생활을 바꾸지 않는 회개는 회개가 아닙니다. 왜 위기가 생겼습니까? 하나님보다 덜 중요한 것들이 하나님의 자리를 차지했기 때문입니다. 이것들을 제자리로 돌려보내려면 자신의 삶을 혁명적으로 변화시켜야 합니다. 삭개오를 보십시오. 그가 예수님께 뭐라고 했습니까? 지금까지 토색하고 도적질한 것을 네 배로 갚고 재산의 절반을 다른 사람을 위해 쓰겠다고 했습니다. 이것이 회개입니다. 작은 것이 아까워서 손해보려 들지 않는 것은 회개가 아닙니다.

오늘 우리가 해야 할 일이 무엇입니까? 살려 달라고 소리치는 것입니다. 배가 막 떠내려가고 있는데 "누구 듣고 있으면 살려 주시면 안 될까요? 제가 좀 위험하거든요"하고 속삭이면 안 됩니다. 옷을 벗어 흔들면서 살려 달라고 마구 소리질러야 합니다. 체면 생각해서 조그만 소리로 중얼거리면 아무도 안 듣습니다. 창피한 것을 무릅쓰고라도 "위험!"이라고 써서 책상 앞에 꽂아 놓고, 냉장고 위에 딸기 자석으로 붙여 놓고 날마다 들여다보면서 "하나님, 도와주십시오!" 하고 부르짖어야 합니다. 그러면 무슨 일이 일어납니까? 옮겨질 수 없는 직장이 옮겨집니다. 이사할 수 없는데 이사가 됩니다. 하나님께서 우주를 움직여서 그 사람을 안전한 반석 위에 세워 주십니다.

오늘 성경이 우리에게 이야기하는 것이 무엇입니까? 하나님의 말씀에 매이라는 것입니다. 그러면 일이 된다는 것입니다. 그것도 그냥 되는 것이 아니라 상상할 수 없는 축복의 방법으로 된다는 것입니다. 여러분, 이것을 믿으십시오. 세상 사람들이 형통한 것을 절대 부러워하지 마십시오. 기도하고 말씀 붙드느라 시간 손해 본다고 해서, 남들보다 가진 것이 좀 모자라다고 해서 조금도 애석해하지 마십시오. 여러분은 생명줄을 붙들고 있는 것입니다.

어떻게 해서든지 하나님의 은혜를 잃지 마시기 바랍니다. 예배에서 은혜를 잃는 것은 몇 번 파산당하는 것보다 훨씬 더 무서운 일입니다. 말씀을 잃어버리고 기도를 잃어버리고 감격을 잃어버리는 것이 얼마나 무서운 재앙인지 알아야 합니다.

하나님 앞에 겸손하고 정직하게 나아갑시다. 사람들의 말에 귀를 기울이면 안 됩니다. 사람들은 나를 책임져 주지 않습니다. 오직 하나님 앞에 내 속에 있는 것들을 전부 내어놓고 부르짖을 때, 그가 우리를 삽으로 떠서 안전한 곳으로 옮겨 주실 것입니다.

2

어두운 여호와의 날

요엘 1:15-2:11

^{1:15} 오호라, 그날이여! 여호와의 날이 가까왔나니 곧 멸망같이
전능자에게로서 이르리로다.

¹⁶ 식물이 우리 목전에 끊어지지 아니하였느냐? 기쁨과 즐거움이
우리 하나님의 전에 끊어지지 아니하였느냐?

¹⁷ 씨가 흙덩이 아래서 썩어졌고 창고가 비었고 곳간이 무너졌으니
이는 곡식이 시들었음이로다.

¹⁸ 생축이 탄식하고 소 떼가 민망해하니 이는 꼴이 없음이라.
양 떼도 피곤하도다.

¹⁹ 여호와여, 내가 주께 부르짖으오니 불이 거친 들의 풀을 살랐고
불꽃이 밭의 모든 나무를 살랐음이니이다.

²⁰ 들짐승도 주를 향하여 헐떡거리오니 시내가 다 말랐고 들의 풀이
불에 탔음이니이다.

^{2:1} 시온에서 나팔을 불며 나의 성산에서 호각을 불어 이 땅 거민으로 다
떨게 할지니 이는 여호와의 날이 이르게 됨이니라. 이제 임박하였으니

² 곧 어둡고 캄캄한 날이요 빽빽한 구름이 끼인 날이라. 새벽빛이
산꼭대기에 덮인 것과 같으니 이는 많고 강한 백성이 이르렀음이라.
이 같은 것이 자고 이래로 없었고 이후 세세에 없으리로다.

³ 불이 그들의 앞을 사르며 불꽃이 그들의 뒤를 태우니 그 전의 땅은
에덴 동산 같았으나 그 후의 땅은 황무한 들 같으니 그들을 피한 자가
없도다.

⁴ 그 모양은 말 같고 그 달리는 것은 기병 같으며

⁵ 그들의 산꼭대기에서 뛰는 소리가 병거 소리와도 같고 불꽃이 초개를
사르는 소리와도 같으며 강한 군사가 항오를 벌이고 싸우는 것 같으니

⁶ 그 앞에서 만민이 송구하여하며 무리의 낯빛이 하얘졌도다.

⁷ 그들이 용사같이 달리며 무사같이 성을 더위잡고 오르며 각기 자기의
길로 행하되 그 항오를 어기지 아니하며

⁸ 피차에 부딪지 아니하고 각기 자기의 길로 행하며 병기를 충돌하고
나아가나 상치 아니하며

⁹ 성중에 뛰어 들어가며 성 위에 달리며 집에 더위잡고 오르며 도적같이
창으로 들어가니

¹⁰ 그 앞에서 땅이 진동하며 하늘이 떨며 일월이 캄캄하며
별들이 빛을 거두도다.

¹¹ 여호와께서 그 군대 앞에서 소리를 발하시고 그 진은 심히 크고
그 명령을 행하는 자는 강하니 여호와의 날이 크고 심히 두렵도다.
당할 자가 누구이랴?

지금 우리 민족의 숙원은 남북통일입니다. 그런데 불과 20년 전만 해도 사람들에게 소원이 무엇이냐고 물으면 "빨리 민주화가 이루어져서 최루탄 없는 세상에서 사는 것"이라고 대답하곤 했습니다. 한동안 386세대라는 말이 유행했습니다. 이것은 현재 30대로서 80년대에 대학을 다닌 60년대생들을 일컫는 말입니다. 이들은 민주화 운동의 주체로서, 산소보다 최루탄을 더 많이 마시면서 학교에 다녔다고 해도 과언이 아닙니다. 만약 그때 그들에게 꿈이 무엇이냐고 물어보았다면 "군사정권이 속히 무너져서 민주화된 좋은 세상이 오는 것"이라고 대답했을 것입니다. 그러나 그들은 민주화 후에 IMF라는 엄청난 한파가 닥칠 줄 몰랐습니다. 그래서 실업자들이 무더기로 쏟아져 나오고 대학을 나와도 취직할 길이 없으며 많은 젊은이들이 미국에 불법 체류 하는 시기가 닥치리라는 것은 생각지도 못했습니다.

　유다 백성들에게도 학수고대하는 날이 있었습니다. 그것은 '여호와의 날'이었습니다. 언제부터 그들이 '여호와의 날'을 기다렸는지는 분명치 않습니다. 이스라엘이 남북으로 나뉘면서 그런 소망을 갖게 되었는지, 아니면 유다의 형편이 점점 어려워지면서 갖게 되었는지 분명치 않습니다. 그러나 시간이 지날수록 그들 사이에는 '앞으로 여호와의 날이 올 것이다. 그날이 오면 유다와 이스라엘이 통일되어 그 옛날 다윗과 솔로몬 시대의 영광을 되찾을 것이다'라는 기대가 점점 더 강해지고 있었습니다. 그런데 오늘 말씀에서 요엘 선지자는 '여호와의 날'이 오기는 올 텐데, 그날은 그들의 기대처럼 밝고 복된 날이 아니라 어둡고 캄캄한 날이 될 것이라고 예언하고 있습니다.

옛날에 환등기를 사용할 때는 필름을 한 장씩 일일이 넣어 주어야 했습니다. 그래서 한 장면이 끝나고 철컥 소리가 나면 다음 장면이 나오고, 또 철컥 소리가 나면 다음 장면이 나왔습니다. 그런데 요즘은 멀티비전이 있어서, 여러 장면을 연속적으로 보여 줄 수 있게 되었습니다. 이처럼 한 장면이 끝나기도 전에 다른 장면이 새롭게 시작됨으로써, 이제 사람들은 다른 생각 할 틈 없이 긴장하면서 장면에 빠져들게 되었습니다.

오늘 말씀은 마치 멀티비전 같습니다. 한 장면이 채 끝나기도 전에 다음 장면이 시작되고, 그 장면이 끝나지도 않은 상태에서 또 다른 충격적인 장면이 시작됩니다. 이 필름의 제목은 '여호와의 날'입니다. 농부가 밭에 씨를 뿌렸는데 싹이 나올 기미가 전혀 보이지 않습니다. 그래서 흙덩이를 들추어 보니 씨가 다 썩어 있습니다. 망연자실하게 흙덩이를 들고 서 있는 농부의 모습을 배경으로, 양식을 먹지 못해 울부짖는 가축들의 소리가 들려옵니다. 선지자는 해설 대신 자신의 탄식 소리를 삽입합니다. 그 탄식 소리가 채 끝나기도 전에 들판에 불이 붙어서 모든 것을 태우는 장면이 나타납니다. 가뭄이 너무나도 극심한 나머지 자연발화가 되어 버린 것입니다. 앞에도 불길이고 뒤에도 불길입니다. 그나마 남아 있던 모든 것들이 그 불길에 휩싸입니다. 그리고 그 불길이 다 사그라들기도 전에 엄청난 군대가 몰려오는 바퀴 소리, 창날 부딪치는 소리가 산을 타고 내려옵니다.

'여호와의 날'의 성격

1장 15절부터 2장 11절까지 긴 말씀을 하나의 본문으로 택한 이유는 주제가 동일하기 때문입니다. 그 주제는 바로 '여호와의 날'입니다. 1장 15절에서는 "오호라, 그날이여! 여호와의 날이 가까왔나니"라고 하면서, 앞서 말한 메뚜기 재앙은 우연히 닥친 불행이 아니라 '여호와의 날'이 시작되었음을 알리는 신호라는 사실을 알려 주고 있습니다. 그리고 2장 1절은 "시온에서 나팔을 불며 나의 성산에서 호각을 불어 이 땅 거민으로 다 떨게 할지니"라고 하면서 '여호와의 날'이 온 것을 공식적으로 선포하고 있습니다.

그날은 유다 백성들이 기다리던 밝고 유쾌한 날이 아닙니다. 어둡고 캄캄한 날입니다. 온 들판은 가뭄으로 불이 붙어 활활 타오를 것입니다. 4절 이하에서는 아예 '여호와의 날'이라는 표현조차 없이 그날에 닥칠 무서운 군대의 모습을 보여 주고 있습니다. 그들은 최신식 군사 훈련을 받은 전문적인 군인들입니다. 그리고 놀랍게도 그 군대를 호령하고 있는 장수는 바로 여호와 하나님이십니다.

오늘 본문의 장면은 여러 개이지만, 메시지는 하나입니다. 즉

이 장면들은 모두 '여호와의 날'이 지닌 성격을 보여 주고 있습니다. 유다 백성들은 '여호와의 날'에 대해 굉장히 낙관적인 기대를 가지고 있었습니다. 즉 그날이 오면 하나님께서 세상에 개입하여 그들을 괴롭히던 모든 악한 세력을 뒤엎고 자유와 축복을 주실 것을 기대했습니다. 이것은 하나님의 속성상 당연한 기대였습니다. 하나님은 의로운 분이시며 자기 백성들을 사랑하는 분이십니다. 그러니까 미래에 어떤 날이 이르면 불의를 행한 자들을 심판하시고 자신들을 축복해 주실 것이 분명하다는 것입니다.

오늘날에도 고통받고 있는 성도들이 믿고 있는 바가 무엇입니까? 비록 지금은 힘들고 답답하지만 언젠가는 하나님께서 나의 기도를 들어주실 때가 온다는 것, 하나님께서 이 모든 형편을 뒤집어엎고 나를 축복하실 때가 온다는 것 아닙니까? 요엘 당시의 유다 백성들도 그런 때가 오리라는 것을 믿고 기다렸습니다. 지금은 어렵고 힘들어도 머잖아 '여호와의 날'이 오면 고통은 끝나고 오늘의 눈물이 기쁨으로 변할 것을 믿었습니다.

그런데 그들이 몰랐던 것이 무엇입니까? 불의를 행한 자들은 바로 자기 자신들이라는 사실입니다. '여호와의 날'은 바로 자기 자신들이 멸망하는 날이라는 사실입니다.

요엘 시대 사람들은 한 번도 무서운 재난을 겪어 보지 않은, 평안에 젖어 있는 사람들이었습니다. 그러나 평안하다고 해서 불만이 없는 것은 아닙니다. 사람은 어떤 형편에 있든지 최고의 상태를 욕심내게 되어 있습니다. 이스라엘은 남북으로 분열되고 난 후 국력이 약해져서 여러 가지 작은 어려움들을 겪었습니다. 물론 포도주는 끊어지지 않았고 끼니를 거른 적도 없었지만, 그래도 다윗과 솔로몬 때에 비하면 유다의 영화는 아주 보잘것없었습니다. 그래서 백성들 사이에 다윗과 솔로몬 때의 영광이 회복될 날을 기대하는 마음이 싹텄던 것 같습니다. 그들은 남북이 다시 통일되어 강력한 나라를 이룸으로써, 온 세계가 조공을 바치러 예루살렘으로 몰려오는 꿈을 꾸었습니다.

그런데 그런 기대에 대해 요엘 선지자는 무엇이라고 말하고 있습니까? "시온에서 나팔을 불며 나의 성산에서 호각을 불어 이 땅 거민으로 다 떨게 할지니 이는 여호와의 날이 이르게 됨이니라. 이제 임박하였으니 곧 어둡고 캄캄한 날이요 빽빽한 구름이 끼인 날이라. 새벽빛이 산꼭대기에 덮인 것과 같으니 이는 많고 강한 백성이 이르렀음이라. 이 같은 것이 자고 이래로 없었고 이후 세세에 없으리로다"(2:1-2).

'복된 날' 같은 소리 하지 말라는 것입니다. 진짜 어둡고 캄캄한 날이 온다는 것입니다. 새벽빛이 걸쳐진 산처럼 어둡기 짝이 없는 날이 온다는 것입니다. 그날은 그들의 기대와 정반대되는 무섭고 절망스러운 날이 될 것입니다. "어둡고 캄캄한 날이요 빽빽한 구름이 끼인 날"이 어떤 것입니까? 호텔에서 자고 있는데 갑자기 불이 났다고 생각해 보십시오. 열기는 뿜어져 나오고 연기는 점점 더 자욱해지는데, 어두운 복도에는 아무것도 보이지 않습니다. 숨은 막혀 오는데 아무 데도 피할 곳이 없습니다.

메뚜기 재앙은 우연히 닥친 재앙이 아닙니다. 그것은 심판의 서곡입니다. 반복적으로 유다 땅을 휩쓸고 간 메뚜기 떼의 공격은 하나님께서 유다 백성들에게 어떤 생각과 감정을 가지고 계신지를 보여 주는 하나의 예에 불과했습니다. 하나님께서는 가장 강한 원수들을 끌고 와서 그들을 모두 진멸하시기까지 그 진노를 거두지 아니하실 것입니다.

'여호와의 날'의 기원은 하나님께서 애굽의 장자들을 죽이신 날에서 찾을 수 있습니다. 하나님께서 친히 애굽 땅을 방문하여 하나님을 대적하는 바로와 애굽 사람들의 모든 장자를 죽이시고 이스라엘 자손들을 구원하신 그날이 바로 '여호와의 날'의 모델입니다. 나일 강이 피로 변한 것은 재앙의 시작에 불과했습니다. 개구리가 공격하고 메뚜기 떼가 습격하고 가축이 병들고 사람들의 몸에 독종이 생긴 것은 모두 재앙의 일부였을 뿐입니다. 하나님께서는 그들을 죽음으로 다스리시기까지 진노를 돌이키지 않으셨습니다. 그런데 그 하나님께서 이제는 유다 백성들에게 그런 진노를 품고 계시며, 그들을 철저히 멸망시키기까지 진노를 돌이키지 않겠다는 뜻을 분명히 표현하고 계신 것입니다.

하나님의 생각과 유다 백성들의 생각이 어떻게 이렇게까지 다를 수 있을까요? 유다 백성들은 복된 날이 온다고 믿었습니다. 그러나 하나님께서는 무서운 심판의 날이 올 것이라고 말씀하십니다. 하나님께서는 자기 백성들이 잘못을 저지를 때 오래 참고 기다리십니다. 그러다가 도저히 안 되겠다 싶을 때 어려움을 주십니다. 그 어려움이 의미하는 바가 무엇입니까? '지금 그 길은 바른 길이 아니니 돌이키라'는 것입니다. 그런데 유다 백성들은 '우리가 바른길을 가고 있는데 핍박이 오는구나. 이 핍박을 잘 견뎌 내면 상급을 주실 거야'라고 생각했습니다.

별로 좋지 않은 예인데, 어떤 부인이 도박을 하다가 잡혀서 감옥에 갇히게 되었다고 합시다. 교인들이 찾아가 "얼마나 고생스러우세요?"하고 위로했습니다. 그랬더니 그 부인이 "괜찮아요. 주님도 고난을 당하셨는데요"라고 대답한 격입니다. 유다 백성들이 하나님의 말씀대로 살지 않았기 때문에 하나님께로 돌아오라고 어려움을 주었더니, "이 어려움을 참으면 의의 면류관을 주실 것이다. 할렐루야!" 하면서 버틴 것입니다. 하나님께서는 그런 그들을 향해 '빨리 정신차리지 않으면 진짜 어둡고 캄캄한 날이 올 것'을 경고하고 계십니다.

'여호와의 날'의 묘사

'여호와의 날'에 대한 묘사는 "오호라, 그날이여!"라는 애통의 표현으로 시작됩니다. "오호라, 그날이여! 여호와의 날이 가까왔나니 곧 멸망같이 전능자에게로서 이르리로다"(1:15).

'샤다이', 곧 "전능자"는 이스라엘 백성들이 가장 좋아하던 하나님의 칭호였습니다. 그들은 어려움에 빠질 때마다 '샤다이'를 불렀습니다. 그러나 여기에 등장하는 "전능자"는 '구원'이 아닙니다. '멸망'입니다. 15절의 "멸망같이"는 자연스러운 번역이 아닙니다. 이것은 '멸망으로서'라고 번역하는 것이 더 좋습니다. '샤다이'는 '구원으로서'가 아니라 '멸망으로서' 그들을 찾아오실 것입니다.

16절을 보면 그들이 아직도 메뚜기 재앙의 피해에서 벗어나지 못한 상태라는 것을 알 수 있습니다. "식물이 우리 목전에 끊어지지 아니하였느냐? 기쁨과 즐거움이 우리 하나님의 전에 끊어지지 아니하였느냐?" 메뚜기 재앙에서 채 회복도 되지 않았는데 짐승들의 헐떡이는 소리가 들려옵니다. 이를테면 전편이 끝나기도 전에 후편이 시작되는 꼴입니다. "생축이 탄식하고 소 떼가 민망해 하니 이는 꼴이 없음이라. 양 떼도 피곤하도다"(1:18). "들짐승도 주를 향하여 헐떡거리오니 시내가 다 말랐고 들의 풀이 불에 탔음이니이다"(1:20). 들짐승과 가축들이 물을 마시지 못해 고통스러워하는 울부짖음이 귀에 들리는 것 같지 않습니까?

2장 3절은 이 가뭄이 그치기도 전에 들불이 일어나는 장면을 묘사하고 있습니다. "불이 그들의 앞을 사르며 불꽃이 그들의 뒤를 태우니 그 전의 땅은 에덴 동산 같았으나 그 후의 땅은 황무한 들 같으니 그들을 피한 자가 없도다." 들판이 온통 불바다입니다. 바싹 가문 땅에 자연적으로 불이 붙어서 온 땅을 태우고 있습니다.

미국 로스앤젤레스에는 가끔 산불이 일어나는데, 한번 산불이 일어나면 끄기가 힘들다고 합니다. 그곳은 지중해성 기후여서 감람나무나 유칼립투스처럼 식물성 기름을 함유한 식물이 많기 때문입니다. 그래서 건조한 시기에 불이 붙으면 쉽게 끌 수가 없습니다. 그처럼 유다에서도 가뭄으로 바싹 마른 땅에 불이 붙어서 온 세상이 불바다가 된다는 것입니다.

메뚜기가 여러 차례 휩쓸고 지나갑니다. 거기에서 채 회복도 되기 전에 심한 가뭄이 닥쳐 시냇물이 다 말라 버립니다. 설상가상으로 들불까지 붙어 온 세상이 불바다입니다. 집도 타고 창고도 타고 들판에 있는 모든 것이 타오릅니다. 그때 산 너머에서 무언가 굉장한 소리가 들려옵니다. "그들의 산꼭대기에서 뛰는 소리가 병거 소리와도 같고 불꽃이 초개를 사르는 소리와도 같으며 강한 군사가 항오를 벌이고 싸우는 것 같으니"(2:5).

아주 놀라운 기동성을 가진 군대가 몰려오고 있습니다. 여기에서 유의해야 할 것은 "같으니"라는 표현입니다. 즉 정확하게 그것은 아닌데 그것과 비슷하다는 것입니다. 병거 소리 같은데 병거 소리는 아닙니다. 불꽃이 초개를 사르는 소리 같은데 정확히 그 소리는 아닙니다. 그러면 도대체 무엇이란 말입니까? 유다 백성들은 바짝 긴장하기 시작합니다. "이렇게 당했는데 아직도 재앙이 남았는가? 산 너머에서 다가오고 있는 저 엄청난 소리는 무엇인가?"

이것은 메뚜기 소리를 가리킵니다. 메뚜기는 메뚜기인데, 진짜 메뚜기가 아니라 사람 메뚜기 소리입니다. 즉 이것은 바벨론 군대를 상징하는 표현입니다. 이를테면 영화에서 메뚜기들이 마구 성벽을 기어오르고 있는데, 어느 한순간 바벨론 군대의 모습으로 변하는 장면과 같습니다. 오늘 말씀을 이해하려면 시각적인 효과에 예민해져야 합니다. 지금 유다 백성들은 바벨론 군대가 얼마나 무서운지 잘 모르고 있습니다. 그래서 요엘은 극도로 섬세한 표현을 동원하여, 이미 여러 차례 경험한 메뚜기의 공격이 다시 시작되는 것처럼 묘사하다가 어느 한순간 바벨론 군대의 모습으로 전환시키고 있습니다.

이 군대가 얼마나 무서운지 2장 6절과 7절은 이렇게 이야기하고 있습니다. "그 앞에서 만민이 송구하여 하며 무리의 낯빛이 하얘졌도다. 그들이 용사같이 달리며 무사같이 성을 더위잡고 오르며 각기 자기의 길로 행하되 그 항오를 어기지 아니하며." "성을 더위잡고 오르며"라는 것은 성벽을 기어오른다는 뜻입니다. 그들이 얼마나 기세 좋게 성벽을 기어오르는지 도저히 막을 길이 없습니다. 원래 적들이 기어오르면 돌을 던지고 뜨거운 물을 부어서 떨어뜨리는데, 워낙 빽빽하게 올라오니까 돌을 던져도 안 되고 물을 부어도 소용이 없습니다. 이 군대는 절대 후퇴하는 법이 없는 군대입니다.

그들은 아무 집이나 마구잡이로 들어가서 노략질하고 약탈합니다. "성중에 뛰어 들어가며 성 위에 달리며 집에 더위잡고 오르며 도적같이 창으로 들어가니"(2:9). 그들의 기세가 얼마나 대단한지 하늘도 빛을 잃고 밤에도 별들이 보이지 않을 정도입니다. "그 앞에서 땅이 진동하며 하늘이 떨며 일월이 캄캄하며 별들이 빛을 거두도다"(2:10). 이것은 메뚜기 떼의 공격을 당했을 때 이미 겪어 본 상황입니다.

그런데 그 무엇보다 충격적인 사실은 이 군대를 지휘하는 대장이 바로 만군의 여호와 하나님이시라는 것입니다. "여호와께서 그 군대 앞에서 소리를 발하시고 그 진은 심히 크고 그 명령을 행하는 자는 강하니 여호와의 날이 크고 심히 두렵도다. 당할 자가 누구이랴?"(2:11) 여호와께서 메뚜기도 불러오시고 가뭄도 불러오시고 들불도 불러오십니다. 그리고 최종적으로 바벨론 군대를 불러오시는데, 그의 명령이 얼마나 강력한지 아무도 거역할 수 없고 아무도 당할 수 없습니다. 여호와께서 이 강력한 군대를 끌고 오시는 것은 이방 백성들과 싸우시기 위해서가 아닙니다. 유다와 싸우시기 위해서입니다.

하나님께서는 왜 이렇게 연속적으로, 마치 애굽의 바로를 징계하듯 유다 백성들을 징계하시는 것일까요? 그는 택한 백성을 절대로 포기하시는 법이 없기 때문입니다. 사람은 포기해도 하나님께서는 포기하지 않으십니다. 그래서 그들이 하나님께서 원하시는 모습으로 회복될 때까지 연속적으로 징계하십니다.

오늘 이 말씀을 제대로 이해하려면 신약성경에 나오는 탕자의 비유를 이해할 필요가 있습니다. 지금 유다 백성들은 크게 잘못한 것이 없습니다. 다른 나라에 비하면 도덕적으로 특별히 더 타락했다고 할 만한 게 없어요. 그래서 자기들은 하나님을 잘 믿고 있다고 생각했습니다. 그런데도 하나님께서 그들을 원수로 삼으신 이유가 무엇입니까?

탕자의 비유에 나오는 작은아들은 아주 나쁜 아들입니다. 그런데 그에 못지않게 나쁜 아들이 바로 큰아들입니다. 작은아들은 집을 떠나 방탕한 삶을 살면서 아버지에게 받은 재산을 전부 날려버렸습니다. 그러나 큰아들은 아버지 곁을 떠난 적이 한 번도 없었습니다. 그런데 그는 돌아온 동생을 아버지가 영접하는 것을 보고 화를 냈습니다. 여기에 이상한 점이 있습니다. 아버지 곁을 한 번도 떠나지 않고 늘 함께 있었던 큰아들의 생각이 어쩌면 이렇게까지 아버지의 생각과 다를 수 있습니까?

큰아들은 작은아들보다 더 고치기 어려운 사람입니다. 작은아들은 자기가 죄지었다는 것을 압니다. 그러나 큰아들은 "내가 무슨 죄가 있어? 내가 얼마나 잘난 아들인데!" 하면서 씩씩거립니다. 이런 사람은 입만 벌리면 "주여!"입니다. 넘어져도 "주여!", 어디에 부딪쳐도 "주여!"입니다. 그런데 하나님을 전혀 닮지 않았습니다. 그렇게 냉정하고 차가울 수가 없습니다. 이런 사람을 고치기가 눈에 보이는 큰 죄를 지은 사람을 고치기보다 몇 배나 더 어렵습니다.

요엘 당시의 유다 백성들이 그런 사람과 같았습니다. 그들은 하나님을 떠나지 않고 계속 신앙생활을 해 왔습니다. 그런데 문제는 그들의 마음속에 사랑이 하나도 없다는 것이었습니다. 사람들이 그렇게 비판적일 수가 없었어요. 하나님께서는 그것을 더 악하게 보셨습니다. 사랑이 식은 것이 도둑질하고 사기치는 것보다 더 나쁘다는 것입니다. 그 단단한 종교적 위선의 껍질을 깨려면 연속적으로 징계하지 않을 수가 없습니다. 약간의 징계는 통하지도 않습니다. 메뚜기가 몇 차례씩 지나가고 가뭄이 지나가고 들불이 붙고 바벨론 군대가 메뚜기같이 쳐들어와야 비로소 '우리에게 무슨 문제가 있나 보다'라고 생각하기 시작합니다.

신앙은 종교적인 경력을 쌓는 것이 아닙니다. 신앙은 사랑입니다. 하나님을 사랑하고 다른 사람을 더 사랑하게 되는 것, 사랑할 수 없는 사람을 사랑하려고 점점 더 노력하게 되는 것, 다른 사람을 위한 눈물이 점점 더 많아지고 점점 더 관대해지는 것, 이것이 신앙입니다. 노름하고 술 마시고 거짓말하는 사람도 하나님을 떠나 있는 사람이지만, 교회 한 번 빠지지 않으면서도 다른 사람을 용서하는 마음 없이 미워하고 비판하는 사람은 더 멀리 떠나 있는 사람입니다.

제가 목회를 하면서 고통스러운 일은 날이 가면 갈수록 점점 더 완벽한 종교인이 되어 간다는 것입니다. 저는 주기도문도 잘 외우고 사도신경도 잘 외웁니다. 또 누구보다 교회에서 많은 시간을 보내고 있고, 본당에도 누구보다 자주 올라옵니다. 기도하고 싶을 때마다, 생각하고 싶을 때마다 올라옵니다. 그런데 하나님께서 말씀하시는 바가 무엇인가 하면, "예전보다 사랑이 없어지고 있고 냉담해지고 있고 점점 더 의식(儀式)에 빠지고 있다면, 너도 나에게서 멀어지고 있는 것"이라는 사실입니다. 그리고 그것을 뜯어고치려면 시리즈로 어려움이 필요하다는 사실입니다. 드럼을 치듯이 두두두두 연속적으로 어려움을 주어야 비로소 '내가 이렇게 본당을 자주 찾는데도 불구하고 왜 이런 드럼 소리가 나나' 하면서 고민을 시작하지, 한 번 땅 때려서는 정신을 못 차린다는 거예요.

술 마시고 제멋대로 사는 것은 정말 나쁜 짓입니다. 그러나 그보다 더 무서운 일은, 신앙생활 잘하고 있는데도 점점 더 사랑이 없어지며 점점 더 비판적인 사람이 되어 가는 것입니다. 전에는 하나님 앞에 고개만 숙여도 감사하다는 말이 절로 나오고 찬송가 1절만 불러도 눈물이 나와서 끝까지 다 부르지 못했습니다. 그런데 이제는 고개를 숙여도 감사가 나오지 않고 찬송가를 4절까지 다 불러도 눈물이 나오지 않는다면 껍질이 점점 더 단단해지고 있는 것입니다.

오늘 하나님께서 우리에게 말씀하시는 것이 무엇입니까? "네가 어떤 종교 행위를 하고 있는가를 보지 말고, 너의 진짜 모습을 객관적으로 한번 보라"는 것입니다. 다른 사람이 내 앞에서 칭찬하는 말을 믿지 마십시오. 본인 앞에서 자기 생각을 있는 그대로 밝히는 사람은 별로 없습니다. 그러나 속으로는 굉장히 냉혹한 평가를 내리고 있습니다. 말 없는 다수가 보편적으로 내리는 평가는 아주 무섭습니다. 그리고 거의 정확합니다. 심지어 사람도 그렇게 보고 있다면, 하나님께서는 과연 어떻게 보고 계시겠습니까?

요엘 당시의 유다 백성들은 자신들의 문제를 느끼지 못하고 있었습니다. 예배도 잘 드리고 있었고 다른 종교생활도 잘하고 있었으며 이방 나라에 비해 더 크게 죄지은 바도 없었기 때문입니다. 그러나 하나님께서는 "그렇게 신앙생활 잘한다는 너희가 어찌 그리 사랑이 없을 수 있느냐? 어찌 그리 이기적일 수 있느냐?"고 물으십니다. 다른 사람들보다 신앙생활 잘하고 있기 때문에 안전하다고 생각합니까? 하나님의 생각은 다릅니다. 하나님께서 원하시는 것은 신앙이 깊어지면 깊어질수록 더 사랑하는 것입니다. 더 어린아이가 되는 것입니다.

다른 사람의 평가는 중요하지 않습니다. 우리를 둘러싼 껍질을 깨고 정말 내 속에서 들려오는 양심의 소리에 따라 하나님 앞에서 온전한 모습을 회복해야 합니다. 눈물을 회복하고 사랑을 회복해야 합니다. 그렇지 않고 신앙생활을 할수록 점점 더 마음이 좁아지고 있고 점점 더 껍질이 단단해지고 있다면, 나의 신앙에 문제가 생긴 것이 분명합니다.

하나님과 유다 백성의 생각이 다른 이유

거듭 말하지만 오늘 우리가 깊이 생각해야 할 점은, 하나님의 생각과 유다 백성들의 생각이 어쩌면 이 정도까지 다를 수 있느냐 하는 것입니다. 하나님께서는 철저한 파멸과 심판의 날을 계획하고 계십니다. 그러나 유다 백성들은 부족한 것이 다 채워질 영광스러운 날을 기대하고 있습니다.

첫째로, 유다 백성들은 신앙에 대해 크게 오해하고 있었습니다. 그들은 신앙을 하나님 중심으로 생각하지 않고 자기 중심으로 생각했습니다. 신앙이란 자꾸 하나님께 맞추어 가는 것입니다. 나는 자꾸 없어지고 하나님만 점점 닮아 가는 것입니다. 그러나 유다 백성들은 하나님께서 어떻게 해서든지 자신들을 사랑해 주시고 용납해 주셔야 한다는 이기적인 신앙관을 가지고 있었습니다. 그들은 하나님을 믿는다고 하면서도 자기들의 영역을 자꾸 넓히려 했습니다.

세상의 모든 종교는 기복적인 신앙을 가지고 있습니다. 즉 나한테 신이 필요하기 때문에 믿는 것입니다. 그러나 하나님 종교는 그렇지 않습니다. 내가 하나님을 택한 것이 아니라 하나님께서 나를 택하셨습니다. 내가 잘되도록 하나님께서 도와주시는 것이 초점이 아니라, 내가 하나님의 뜻대로 사는 것이 초점입니다. 내가 먼저 하나님의 뜻대로 걸어갈 때, 하나님께서 나를 책임져 주십니다. 그러나 유다 백성들은 자신들이 잘사는 것을 더 중요하게 생각했고, 그 수단으로 하나님을 믿었습니다. 그렇기 때문에 하나님께서 가장 싫어하는 짓들을 하면서도 하나님을 잘 섬긴다고 착각했습니다.

참된 신앙이 무엇입니까? 내 생각은 전부 버리고 하나님의 말씀 하나 붙드는 것입니다. 말씀 하나 붙들고 갈 데까지 가는 것입니다. 창세기에 나오는 믿음의 족장들을 보십시오. 논리적으로 이해가 되지 않는데도 본토 친척 아비 집을 떠나지 않습니까? 첩과 아들을 내보내고, 뒤늦게 얻은 아들의 가슴에도 칼을 꽂으려 하지 않습니까? 이것이 신앙입니다. 나의 아성을 자꾸 쌓고 있으면서 그것을 신앙으로 생각한다면, 하나님의 생각과는 정반대로 가고 있는 것입니다.

유다 백성들은 하나님의 말씀은 명분으로만 세워 놓고 실제로는 자기들의 성을 계속 쌓았습니다. 그 결과가 무엇입니까? 그 단단하던 예루살렘 성벽이 무너지고 성전이 불타 버린 것입니다. 그들은 그렇게 모든 것이 무너지고 나서야 하나님께 돌아와 신약교회를 준비하는 신앙의 공동체를 이루었습니다.

내가 가진 생각을 전부 버리십시오. 말씀 하나 붙들고 갈 데까지 가 보십시오. 그러다가 도저히 더 갈 수 없는 한계에 부딪치면 어떤 일이 일어납니까? 바로 거기에서부터 기적의 역사가 나타나고 부활의 능력이 나타납니다.

둘째로, 유다 백성들은 너무나 오랫동안 말씀 없이 습관적인 신앙생활을 해 왔습니다. 말씀 없이 오래 믿으면 신앙적인 기형아가 되게 마련입니다. 만약 우리가 낯선 길을 여행하고 있다면, 과연 바른길로 가고 있는지 나침반이나 지도를 통해 계속 확인해 볼 것입니다. 그렇게 하지 않으면 처음에 약간 방향을 잘못 잡았다가 결국 완전히 다른 곳에 가 버리게 되는 결과를 맞이할 수 있기 때문입니다. 예전에 우리나라 항공기가 옛 소련 미사일에 격추되는 큰 비극이 일어난 것도 항로를 이탈했기 때문입니다. 처음에는 아주 약간 이탈한 데 불과했습니다. 그런데 계속 날다 보니 어느새 소련의 영공을 침범해 버린 것입니다.

하나님의 말씀으로 항상 우리의 위치를 확인해야 합니다. 그렇게 하지 않고 위치가 약간 틀어진 것을 무시한 채 계속 가면 결국 격추되고 말 것입니다. 그래서 내 방식대로 믿는 것이 위험합니다. 이스라엘의 거짓 선지자들은 작은 오차를 무시하도록 가르쳤습니다. 그 결과가 무엇입니까? 완전히 망할 자리에 가 있으면서도 가장 안전하고 복된 곳에 와 있는 양 착각하게 된 것입니다.

같은 하나님을 믿는다고 하는 사람들이 그토록 다른 생각, 그토록 다른 말들을 하는 것은 약간의 오차를 무시한 채, 말씀으로 자신의 위치를 확인하지 않은 채, 오랫동안 자기 방식대로 믿어 왔기 때문입니다. 그래서 실제로는 하나님으로부터 가장 먼 곳에 있으면서도 가장 가까운 곳에 있는 것처럼 착각하게 되었기 때문입니다.

하나님의 백성들이 말씀에 헌신하면 아무리 연약하고 모자라도 하나님께서 무조건 책임지시게 되어 있습니다. 그러나 하나님을 믿는다고 하면서도 말씀을 무시하고 자기 방법대로, 자기 욕심대로 사는 사람은 특별히 징계하십니다. 재앙을 시리즈로 보내서 바른 신앙의 자리로 돌아오게 하시든지, 끝까지 돌아오지 않으면 완전히 파멸시켜 버리십니다. 하나님께서는 교만한 자를 징계할 방법을 수천 가지 가지고 계십니다. 물론 그런 징계를 다 받고 나서 하나님께 돌아와 간증하는 것도 귀한 일이지만, 꼭 그렇게 맞고 나서야 돌아올 필요가 뭐가 있겠습니까? 맞기 전에 깨닫고 돌아오는 편이 훨씬 더 복되지 않겠습니까?

요엘이 마치 멀티비전을 사용하듯이 충격적인 방식으로 재앙 시리즈를 보여 주고 있는 이유는 아직도 유다에 기회가 있기 때문입니다. 다시 말해서 지금이라도 껍질을 깨고 겸손해지기만 하면 이 재앙들을 피할 수 있다는 것입니다. 유다 앞에는 가뭄과 들불이 기다리고 있습니다. 하나님의 신호만 떨어지면 달려들려고 준비하는 것들이 산 너머에서 잔뜩 기다리고 있습니다. 바벨론만 있는 것이 아닙니다. 페르시아도 있고 로마도 있습니다. 그러나 지금이라도 굵은 베를 두르고 하나님 앞에서 자신의 교만하고 방자했던 삶을 고백하며 겸손을 되찾기만 하면, 하나님께서 이 모든 재앙을 거두시고 지금까지 당한 어려움을 다 갚아 주신다는 것입니다. 그런데 왜 바로처럼 미련하게 시리즈로 두들겨 맞고 나서야 돌아오려 하느냐는 것입니다.

하나님께서 우리에게 요구하시는 것은 흠이나 티가 전혀 없는 완벽한 삶이 아닙니다. 우리가 어떻게 하나님 앞에 완벽할 수 있겠습니까? 하나님께서는 우리가 연약하여 실수로 하나님의 뜻을 거역하는 것에 대해서는 이렇게 진노하시지 않습니다. 하나님께서 유다 백성들에게 진노하시는 것은 그들이 정직하지 않았기 때문입니다. 하나님 앞에 자기들의 연약함과 부족함을 솔직하게 시인하고 그의 용서와 은혜를 간구하지 않았기 때문입니다.

하나님께서는 우리가 정직과 겸손을 되찾기 원하십니다. 그것만 되찾으면 이미 징계를 받아 비참한 모습이 되었다 하더라도 놀랍게 회복시켜 주시며, 아무도 건드릴 수 없도록 지켜 주실 것입니다. 겸손은 수십 가지 재앙을 막는 방패이자 하늘 문을 여는 열쇠입니다. 겸손한 사람은 자기만 사는 것이 아니라 주위 사람들까지 살려 냅니다. 오늘 우리가 이러한 모습을 되찾게 되기 원합니다.

3

참된 회개의 요청

요엘 2:12-20

²:¹² 여호와의 말씀에 "너희는 이제라도 금식하며 울며 애통하고
마음을 다하여 내게로 돌아오라" 하셨나니
¹³ 너희는 옷을 찢지 말고 마음을 찢고 너희 하나님 여호와께로 돌아올지어다.
그는 은혜로우시며 자비로우시며 노하기를 더디 하시며 인애가 크시사
뜻을 돌이켜 재앙을 내리지 아니하시나니
¹⁴ 주께서 혹시 마음과 뜻을 돌이키시고 그 뒤에 복을 끼치사 너희 하나님
여호와께 소제와 전제를 드리게 하지 아니하실는지 누가 알겠느냐?
¹⁵ 너희는 시온에서 나팔을 불어 거룩한 금식일을 정하고 성회를 선고하고
¹⁶ 백성을 모아 그 회를 거룩케 하고 장로를 모으며 소아와 젖먹는 자를
모으며 신랑을 그 방에서 나오게 하며 신부도 그 골방에서 나오게 하고
¹⁷ 여호와께 수종드는 제사장들은 낭실과 단 사이에서 울며 이르기를
"여호와여, 주의 백성을 긍휼히 여기소서. 주의 기업으로 욕되게 하여
열국들로 그들을 관할하지 못하게 하옵소서. 어찌하여 이방인으로
'그들의 하나님이 어디 있느뇨?' 말하게 하겠나이까?" 할지어다.
¹⁸ 그때에 여호와께서 자기 땅을 위하여 중심이 뜨거우시며 그 백성을
긍휼히 여기실 것이라.
¹⁹ 여호와께서 그들에게 응답하여 이르시기를 "내가 너희에게 곡식과
새 포도주와 기름을 주리니 너희가 이로 인하여 흡족하리라.
내가 다시는 너희로 열국 중에서 욕을 당하지 않게 할 것이며
²⁰ 내가 북편 군대를 너희에게서 멀리 떠나게 하여 메마르고 적막한 땅으로
쫓아내리니 그 전군은 동해로, 그 후군은 서해로 들어갈 것이라.
상한 냄새가 일어나고 악취가 오르리니 이는 큰일을 행하였음이니라"
하시리라.

2:12-20

얼마 전에 우리나라에서 몇 손가락 안에 드는 대기업이 경영 부실로 도산하고 그 소유주가 완전히 빈털터리가 된 일이 있었습니다. 또 최근에는 국내 최대 기업 중 한 곳의 소유주가 일선에서 완전히 물러나겠다고 발표하는 모습도 볼 수 있었습니다. 이런 일들이 일어나는 이유가 무엇입니까? 기업의 수익성은 생각하지 않고 외형만 키우는 방만한 경영을 하다가 부채율이 높아지는 바람에 정부와 은행이 강력하게 개입하게 되었기 때문입니다. 그들은 이 지경이 되기 전에 경영 방식을 근본적으로 바꾸어야만 했습니다. 중요하지 않은 기업은 팔고 수익이 남지 않는 부동산은 처분해 가면서 변화를 모색했더라면 이런 사태까지는 벌어지지 않았을 텐데, 미련을 버리지 못하고 시간을 끌다가 급기야 경영권과 소유권을 다 잃고 만 것입니다.

신앙생활을 할 때 가장 중요하면서도 어려운 용어가 하나 있습니다. 그것은 '회개'입니다. 회개란 자신이 걸어가고 있는 길이 잘못되었다는 것을 깨닫고 바른길로 돌아서는 일을 가리킵니다. 그래서 회개에는 두 가지 요소가 꼭 필요합니다. 한 가지는 지금까지 자신이 살아온 방식이 잘못되었다는 심각한 깨달음이고, 또 한 가지는 그 잘못된 방식을 근본적으로 뜯어고치겠다는 결단입니다. 하나님의 말씀에는 절대로 거짓이 없습니다. 말씀대로 살지 않는 사람에게는 언제가 되었든지 간에 모든 것을 빼앗기는 비극이 반드시 찾아오게 되어 있습니다. 그런 비극이 찾아오기 전에 현재 살고 있는 방식을 근본적으로 수술하는 것을 성경은 '회개'라고 부르고 있습니다.

회개하지 않는 사람은 하나님께서 절대 축복하시지 않습니다. 그러나 회개하고 돌아오는 사람에게는 축복을 준비해 놓으십니다. 고집을 부리며 끝까지 가는 사람은 망합니다. 그러나 중간에서 돌아서는 사람은 하나님께서 준비하신 선물을 받게 될 것입니다. 그는 하나님께서 자기 편에 서서 적극적으로 도우신다는 것을 피부로 느낄 수 있습니다. 그래서 예수 믿는 사람들에게 회개가 그토록 중요한 것입니다.

꼭 눈에 띄게 나쁜 짓을 했을 때에만 회개해야 하는 것이 아닙니다. 지금 내가 살아가고 있는 정신이나 원리가 하나님께서 기뻐하실 만하지 못한 것일 때에도 회개해야 합니다. 이처럼 나쁜 결과가 닥치기 전에 회개하면, 지금껏 잘못 살아온 것을 하나님께서 전부 덮으시고 은혜와 축복으로 우리를 만나 주십니다.

하나님께서는 유다 백성들에게 놀라운 은혜를 주려고 준비하고 계셨습니다. 그러나 유다 백성들은 그 은혜를 받을 준비가 되어 있지 않았습니다. 그뿐 아니라 하나님께서 은혜를 주실 때에도 그 은혜가 어디에서 오는지 깨닫지 못하고, 오히려 우상을 찾아가 고

마워했습니다. 그래서 하나님께서는 요엘 선지자를 통해 반복적인 재난이 닥칠 것을 경고하셨습니다. 팟종이가 먹은 것을 늦이 먹고 늦이 먹은 것을 메뚜기가 먹고 메뚜기가 먹은 것을 황충이 먹을 것입니다. 그것이 끝이 아닙니다. 엄청난 가뭄이 찾아와 짐승들조차 먹을 물이 없어 죽어 갈 것입니다. 그것도 끝이 아닙니다. 들불이 일어나 남아 있는 모든 것을 태워 버릴 것입니다. 그것도 끝이 아닙니다. 무시무시한 군사들이 쳐들어오려고 산 너머에서 대기하고 있습니다. 하나님께서 이 모든 것을 생생한 장면으로 보여 주시는 이유가 무엇입니까? 지금 가고 있는 길로 계속 가면 절대 못 살아난다는 것, 요행은 없다는 것을 알려 주시기 위해서입니다.

어떤 의사가 당뇨병에 걸렸습니다. 그를 진찰한 병원에서는 식이요법과 운동을 병행하고 술을 마시지 말라고 권고했습니다. 이 의사는 그 말을 무시하고 술도 마시고 기름진 음식도 먹었습니다. 결국 그는 두 다리를 무릎 아래부터 절단해야 하는 처지가 되었습니다. 말만 듣고서는 당뇨가 얼마나 무서운 병인지 실감하지 못합니다. 두 다리를 자른 모습을 자기 눈으로 봐야 비로소 '정말 무서운 병이구나. 사회생활을 못 한다 해도 술은 끊어야겠구나. 만사 제쳐놓고 운동해야겠구나' 하는 생각이 듭니다.

요엘 선지자는 지금 이대로 가면 무서운 결과가 찾아온다는 사실을 실감시키기 위해 앞으로 닥칠 재앙을 생생한 장면으로 보여 주고 있습니다. 더 이상 고집부리지 말고, 아직 메뚜기가 오지 않았을 때, 가뭄과 들불이 오지 않았을 때 길을 바꾸라고 경고하고 있습니다.

선지자에게는 이런 능력이 있어야 합니다. 불륜의 관계를 맺고 있는 사람들에게 농약 먹고 바닷가에 죽어 있는 남녀의 비참한 모습을 보여 주면서 "너희가 사랑이니 뭐니 하면서 고집을 부리고 있는데, 그 종말은 바로 이런 것이다" 하고 깨우쳐 주어야 합니다. 그래야 기겁을 하면서 잘못된 관계를 끊지, 그렇게 하지 않으면 끝까지 정신을 차리지 못합니다. 거짓 선지자는 죄지은 사람에게 여유를 줍니다. 타협할 수 있는 여지를 주고 머뭇거릴 수 있는 핑곗거리를 줍니다. 그러나 하나님의 선지자는 그 죄의 결과가 얼마나 무서운지 생생하게 보여 주면서 결단을 촉구합니다.

오늘날 설교자들이 해야 할 일은 교만한 인간들을 향한 하나님의 진노를 할 수 있는 한 생생하게 그려 내는 것입니다. 예수님께서는 지옥의 모습을 생생하게 그려 내셨습니다. 우리는 지옥에서 사람들이 소금처럼 타닥타닥 튀는 모습을 보아야 합니다. 너무 뜨거워서 혀를 내밀고 헐떡거리면서 "물 한 방울만, 제발 한 방울만, 앗, 뜨거!" 하는 소리를 들어야 합니다. 그 모습을 못 보고 그 소리를 못 듣기 때문에 "나만 지옥 가나?" 같은 말이 감히 입 밖으로 나오는 것입니다.

요엘은 유다 백성들을 기다리고 있는 재앙의 장면을 생생하게 제시하면서, 한시라도 빨리 정신을 차리고 결단을 내릴 것을 촉구했습니다.

참된 회개란 무엇인가?

아무리 회개하라고 외쳐도, 회개가 무엇인지 모른다면 회개할 수 없을 것입니다. 그래서 요엘은 유다 백성들에게 회개가 무엇인지에 대해 설명하고 있습니다. "여호와의 말씀에 '너희는 이제라도 금식하며 울며 애통하고 마음을 다하여 내게로 돌아오라' 하셨나니"(2:12).

회개한다는 것은 하나님께 돌아가는 것입니다. 즉 하나님의 눈으로 나 자신의 모습을 보는 것입니다. 어느 날 말씀을 듣다가 '나는 별것 아니라고 생각하고 그렇게 행동했는데, 그것이 하나님의 마음을 너무나 아프게 했구나! 하나님 가슴에 못을 박았구나!' 하는 것을 깨닫게 되었다면, 이미 회개가 시작된 것입니다.

사람이 죄를 짓고서도 회개하기를 머뭇거리는 것은, 하나님의 눈으로 자신의 죄를 보지 못하기 때문입니다. 자기는 회개하지 않아도 생활에 큰 불편이 없습니다. 물론 바람직한 상태는 아니지만 그렇게 못 견딜 상태 또한 아니라고 생각합니다. 그러나 하나님의 눈으로 내 모습을 보면 어떻습니까? 나의 작은 실수와 죄 때문에 하나님의 눈에서 눈물이 솟고 있는 것이 보입니다. 나의 교만 때문에 하나님의 가슴에서 피가 흐르고 있는 것이 보입니다. 그것을 보게 되면 애통해하며 하나님께 돌아오지 않으려야 돌아오지 않을 수가 없습니다.

회개는 단순히 자신의 어려움을 놓고 가슴 아파하는 것이 아닙니다. 어떤 사람은 사기꾼에게 속아서 돈을 날리고 난 후에 하나님 앞에 기도하면서 막 웁니다. 그러나 그것은 돈이 아까워서 우는 것이지, 하나님의 마음을 가졌기 때문에 우는 것이 아닙니다. 또 어떤 사람은 나쁜 친구들과 어울려 다니다가 시험에 떨어져서 막 웁니다. 그것은 자기 처지가 슬퍼서 우는 것이지 하나님의 마음을 가졌기 때문에 우는 것이 아닙니다.

회개는 하나님의 눈으로 나 자신을 보는 것입니다. 하나님께서 나를 처음 보셨을 때 얼마나 좋아하시고 기뻐하셨는가, 그런데 그 작은 죄들을 이기지 못해서 이렇게 망가지고 추해진 모습을 보고 얼마나 슬퍼하시고 괴로워하시는가를 깨닫는 것입니다. 성경은 하나님께서 "악을 참아 보지 못하시며"(합 1:13)라고 말합니다. 그는 우리가 무슨 짓을 하든지 무덤덤하게 계시는 분이 아닙니다. 우리가 조금씩 죄를 용납할 때마다 얼마나 마음 아파하시며 우리가 교만하게 행동할 때마다 얼마나 큰 상처를 입으시는지 모릅니다. 그것을 깨닫고 '더 이상 이렇게 살아서는 안 되겠구나! 더 이상 하나님의 마음을 아프게 해서는 안 되겠구나!' 하고 결단을 내리는 것이 회개의 시작입니다.

우리가 바로 회개하려면 하나님이 어떤 분이신지 깨달아야 합니다. "너희는 옷을 찢지 말고 마음을 찢고 너희 하나님 여호와께로 돌아올지어다. 그는 은혜로우시며 자비로우시며 노하기를 더디 하시며 인애가 크시사 뜻을 돌이켜 재앙을 내리지 아니하시나니"(2:13).

유다 백성들은 회개한다는 것을 옷을 찢는 일로 오해했습니다. 왜냐하면 조상들이 회개할 때마다 옷을 찢었다는 말을 들었기 때문입니다. 그래서 그들은 자주 옷을 찢었습니다. 화가 나도 옷을 찢었고, 기분이 나빠도 옷을 찢었습니다. 그리고 이렇게 옷을 찢었으니 모든 문제가 해결되었다고 생각했습니다. 그러나 요엘은 회개란 옷을 찢는 것이 아니라 마음을 찢는 것이라고, 지금까지 살아온 방식을 수술하는 것이라고 말합니다.

수입은 좋지만 아름답지 못한 직업을 가진 사람에게는 그 직업을 포기하고 가난하게 사는 것이 마음을 찢는 것입니다. 바람직하지 못한 이성교제를 하고 있는 사람에게는 아무리 정이 들었고 섭섭하다 하더라도 칼로 자르듯이 그 관계를 끊고 다시는 만나지 않는 것이 마음을 찢는 것입니다. 음란 사이트에 빠진 사람에게는 아무리 인터넷이 유용해도 그것을 포기하는 것이 마음을 찢는 것입니다. 존 스토트는 "만일 네 오른눈이 너로 실족케 하거든 빼어 내버리라"(마 5:29)는 말씀을 해석하면서, 예를 들어 아주 보고 싶은 영화나 텔레비전 프로그램이 신앙적으로 유익하지 않을 때 그것을 보지 않는 것이 눈을 뽑는 일이라고 설명했습니다. 보고 싶은 프로그램을 보지 않으면 눈알이 뽑히는 것처럼 아픕니다. 그런데 그렇게 하라는 것입니다. 그것이 마음을 찢는 것입니다. 나의 직장이나 지금 생활하고 있는 환경이 도저히 하나님의 말씀에 순종할 수 없는 것이라면 과감하게 보따리 싸서 하나님의 말씀에 순종할 수 있는 곳으로 옮기는 것이 마음을 찢는 것입니다.

그런데 사람들은 어떻게 합니까? 고통 없이 수술을 받으려고 합니다. 이것도 아깝고 저것도 아까워서 머뭇거리다가 완전히 망해 버린 대기업들처럼, 자기의 방식을 완전히 포기하지 않은 채 신앙생활 하다가 망해 버립니다.

오늘 요엘은 하나님께서 기뻐하시지 않는 일들에 대해 결단을 내릴 것을 촉구하고 있습니다. 다른 사람들이 "저 사람 왜 저래? 좀 이상해진 거 아니야?" 할 정도로 과감하게, 자기 양심에 기쁘지 않은 것들을 근본적으로 수술해 버리라는 것입니다. 그렇게 할 때 어떤 결과가 나타납니까? 하나님의 축복이 피부로 느껴질 만큼 가깝게 다가옵니다. 무엇보다 먼저 자기 마음이 그렇게 홀가분하고 기쁠 수가 없습니다. 그리고 하나님께서 그의 삶을 인도하시기 시작합니다. '뭐 이런 사소한 것까지 다 응답하시나' 싶을 정도로 그의 삶을 세심하게 인도하시고 축복해 주시기 시작합니다.

회개하는 자에게 하나님은 "은혜로우시며 자비로우시며 노하기를 더디 하시며 인애가 크시사 뜻을 돌이켜 재앙을 내리지" 아니하십니다. 지금 유다 백성들은 첩첩산중입니다. 메뚜기가 몇 차례씩이나 쳐들어오려고 대기 중이고, 가뭄과 들불이 그 뒤를 기다리고 있으며, 적의 군대가 무서운 소리를 내며 공격을 준비하고 있습니다. 그러나 요엘 선지자의 말대로 수술하고 회개하면 어떻게 됩니까? 아무리 이 모든 것이 확정되어 있는 계획이라 하더라도 취소해 주십니다. 지금 요엘은 출애굽기 34장 6절 말씀을 인용하고 있습니다. 즉 이것은 이스라엘 백성들이 금송아지를 만들어 범죄했을 때 하나님께서 모세에게 하신 말씀입니다.

하나님께서는 누구에게 은혜로우시며 자비로우십니까? 하나님의 눈으로 자신의 모습을 보고 '다시는 하나님의 마음을 아프게 하지 말자. 세상에서 좀 손해본다 하더라도, 사람들에게 인정 없다는 소리를 듣는다 하더라도 하나님께서 기뻐하시는 모습으로 돌아가자' 라고 결단하는 사람에게 은혜로우시며 자비로우십니다. 아무리 멸망이 예정되어 있었다 하더라도 회개하고 돌이키기만 하면 진노를 거두십니다.

회개에는 늦는다는 것이 없습니다. 단지 진심으로 돌아오지 않고 옷만 찢으면서 회개했다고 하니까 진노가 돌이켜지지 않는 것일 뿐입니다. 지금 자신이 위기에 처해 있으며 그것이 하나님의 진노라는 생각이 들 때, 하나님께서 싫어하시는 것을 버리고 돌아오십시오. 그러면 아무리 심판이 결정되었고 그것이 이제 막 시작되었다 하더라도 한없는 은혜와 자비와 인애를 보여 주실 것입니다.

요엘은 2장 14절에서 무엇이라고 말하고 있습니까? "주께서 혹시 마음과 뜻을 돌이키시고 그 뒤에 복을 끼치사 너희 하나님 여호와께 소제와 전제를 드리게 하지 아니하실는지 누가 알겠느냐?" 요엘은 너무나도 조심스럽게 "혹시" 이렇게 될지 어떻게 알 겠느냐고 말하고 있습니다. 우리는 감히 이런 것을 요구할 자격이 없지만, 하나님께서 "혹시" 재앙을 취소하시고 감사의 제사를 드 리게 해 주실는지 어떻게 알겠느냐는 것입니다.

이처럼 우리의 입장에서는 "혹시"라고 말할 수밖에 없지만 하나 님께서는 "반드시"라고 말씀하십니다. 하나님께서는 회개하는 자 에게 반드시 은혜를 회복시켜 주십니다. 우리가 하나님 앞에 "하 나님, 제 모습이 너무너무 부끄럽지만, 혹시 저의 죄를 용서해 주 시겠습니까?" 하고 나아가면, 하나님께서는 "혹시가 아니라 반드 시 용서해 주겠다. 반드시 너를 받아 주며 반드시 네게 은혜를 베 풀어 주겠다"고 말씀하실 것입니다.

회개의 실천

참된 회개가 무엇인지 알았으면, 이제 남은 일은 바로 실천하는 것입니다. 요엘 선지자는 2장 15절 이하에서 그 실천의 방법을 이 야기해 주고 있습니다. "너희는 시온에서 나팔을 불어 거룩한 금 식일을 정하고 성회를 선고하고." 여기에서 '시온'은 성전을 의미 합니다. 성전에서 나팔을 불어 모든 유다 백성을 하나님 앞에 불 러 모으고, 모든 이들이 자신의 삶을 반성하며 바로잡는 대대적인 회개 운동을 시작하라는 것입니다.

"백성을 모아 그 회를 거룩케 하고 장로를 모으며 소아와 젖먹 는 자를 모으며 신랑을 그 방에서 나오게 하며 신부도 그 골방에 서 나오게 하고"(2:16)라는 것은 한 사람도 예외 없이 다 이 회개 운동에 동참시키라는 뜻입니다. 노인과 어린아이들까지 다 모이라고 합니다. 신랑과 신부도 골방에서 나오라고 합니다. 왜 이렇게 해야 합니까?

유다의 죄는 전체에 보편적으로 퍼져 있는 죄이기 때문입니다. 한두 사람이 죄에 빠졌을 때에는 그들만 징계하고 책망하면 됩니다. 그러나 죄가 퍼질 대로 퍼져서 사람들이 죄를 지으면서도 그것이 죄인지 아닌지 모를 정도가 되었을 때에는 개인적으로 회개하는 것이 의미가 없습니다. 그럴 때에는 전체가 모인 가운데, 무엇이 죄이며 자신들의 삶이 전체적으로 얼마나 하나님의 말씀에서 떠나 버렸는지 모두가 알 수 있도록 공개해서 밝혀야 합니다.

한국전쟁이 터졌을 때 부산의 한 교회에 많은 교회 지도자들이 모여서 일제 시대에 신사참배 한 일과 해방 후에 교단 분열로 나아간 일에 대해 회개한 적이 있었습니다. 지금도 마찬가지입니다. 지금도 혼자 회개해야 할 때가 아닙니다. 교회가 다 모여서 회개해야 할 때입니다. 성경이 얼마나 죄에 대해 많이 말씀하고 있습니까? 그러나 교회는 사람들의 심기를 불편하게 만들까 봐 복음을 선포하지 않았고, 교회 지도자들은 교회가 자기 것인 양 마음대로 교회를 주장했습니다. 이에 대해 교회는 공개적으로 회개해야 합니다.

교인들에게 말씀을 먹여야 할 부흥회가 헌금을 모으는 수단으로 오용되는 사례가 얼마나 많습니까? 그러나 당회나 당회장이 그런 부흥회를 중단시키거나, 그런 부흥회를 한 것에 대해 교회 전체가 모여 회개하는 경우를 본 적이 있습니까? 지금 우리 사회에는 나이 든 사람은 나이 든 사람대로 젊은 사람은 젊은 사람대로 거짓말하고 남의 돈 떼먹고 부정한 방법으로 돈 벌고 음란한 삶을 사는 죄가 전반적으로 널리 퍼져 있습니다. 이럴 때 우리는 숨어서 개인적으로 회개할 것이 아니라 교회로 모여 "하나님, 우리가 범죄했습니다. 빛을 발하지 못했습니다. 교회를 우리 마음대로 주장했습니다. 부정한 수입을 얻었습니다. 순결하게 살지 못했습니다" 하면서 함께 회개해야 합니다.

누구보다 먼저 회개해야 할 사람은 바로 제사장들입니다. "여호와께 수종드는 제사장들은 낭실과 단 사이에서 울며 이르기를 '여호와여, 주의 백성을 긍휼히 여기소서. 주의 기업으로 욕되게 하여 열국들로 그들을 관할하지 못하게 하옵소서. 어찌하여 이방인으로 그들의 하나님이 어디 있느뇨 말하게 하겠나이까?' 할지어다"(2:17).

왜 제사장들이 먼저 회개해야 합니까? 죄를 죄라고 지적하지 않았기 때문입니다. 그러니까 제사장들부터 "우리가 회개를 전하지 않았기 때문에 유다가 망하게 되었고 주의 기업이 열국에 짓밟히게 되었습니다. 이방인들이 '너희 하나님이 어디 있느냐?' 라고 비웃는 일이 생기기 전에 우리를 용서해 주소서!"라고 기도하라는 것입니다.

유다는 하나님의 다스림을 받는 나라입니다. 그러나 그들이 하나님의 다스림을 거부할 때, 하나님께서는 그들을 이방인의 손에 넘기실 것입니다. 하나님은 양들의 목자이시지 늑대들의 목자가 아니십니다. 하나님께서는 억압하시거나 강제하시지 않습니다. 오직 말씀을 주신 후에 각자 알아서 순종하기를 원하십니다. 그런데 아무리 말씀을 하셔도 순종할 기미가 보이지 않을 때, 그들을 이방인들의 손에 붙여서 야만적인 지배를 받게 하십니다. 하나님의 백성들은 그의 말씀에 자발적으로 순종하는 사람들입니다. 그러나 자발적으로 순종하지 않을 때, 가장 무지하고 야만적인 사람들의 손에 붙여서 길들이게 하십니다. 그때 이방인들은 "너희 하나님이 대체 어디 있느냐?" 하면서 조롱할 것입니다. 하나님은 그런 조롱을 받을지언정 자기 백성의 교만을 모른 척 내버려 두시는 법이 없습니다.

그렇다면 오늘 우리가 해야 할 일은 무엇입니까? 이방인이 들이닥치기 전에, 하나님께서 아직 조용히 말씀하고 계실 때, 하나님의 심정으로 돌아가는 것입니다. 하나님의 심정으로 자신을 보고 하나님의 심정으로 교회를 보며 하나님의 심정으로 이웃과 사회를 보는 사람, 그 사람이 바로 제사장입니다. 제사 드리는 것은 둘째 문제이고, 가장 시급한 일은 하나님의 진노부터 막는 것입니다. "하나님, 제발 우리를 불쌍히 여겨 주십시오!" 하고 기도합시다. 믿지 않는 가족이나 이웃이 어려움을 당할 때, 그들을 위해 대체 어떻게 기도해야 할지 모를 때에도 제사장이 되어 그들 대신 회개하면서 "하나님, 저들을 불쌍히 여겨 주십시오!" 하고 기도합시다. 그러면 우리를 불쌍히 여겨 진노를 거두어 주실 것입니다.

회개하는 자에 대한 하나님의 반응

하나님의 백성들 안에 조금이라도 자신들의 죄를 깨닫고 하나님께로 돌아올 마음이 생길 때 하나님께서는 어떻게 반응하십니까? "그때에 여호와께서 자기 땅을 위하여 중심이 뜨거우시며 그 백성을 긍휼히 여기실 것이라"(2:18).

하나님은 참으로 직접적이고 뜨거운 감정을 지닌 분이십니다. 재앙이 닥치기 전에 경고의 말씀을 듣고 하나님께 돌아오려는 마음이 그 백성 안에 생길 때, 하나님의 마음은 이미 뜨거워지기 시작합니다. "자기 땅을 위하여 중심이 뜨거우시며"라는 것은 그들을 용서해 주고 싶은 마음을 참지 못하시고 노골적으로 사랑을 표현하신다는 뜻입니다. 그 정도로 하나님께서는 우리의 작은 회개를 기뻐하십니다.

우리가 하나님의 축복을 누리지 못하는 것은 죄에 대해 미련하고 하나님에 대해 무지하기 때문입니다. 우리가 회개의 걸음을 한 걸음만 내딛어도 하나님의 마음은 뜨거워지기 시작합니다. 죄에 대한 애착을 내버리기만 해도 하나님의 사랑이 뚝뚝 떨어지기 시작합니다. 우리 속에 하나님의 마음이 생겨서 '내가 죄를 정리하지 못하고 차일피일 미루며 살아온 것이 하나님을 너무나 가슴 아프시게 했구나. 이제는 굶어 죽어도 그렇게는 하지 않겠다. 아무리 사람들의 비웃음을 사더라도 다시는 하나님을 아프게 하지 않겠다'고 결심하는 순간, 하나님의 은혜가 회복되기 시작합니다.

"여호와께서 그들에게 응답하여 이르시기를 '내가 너희에게 곡식과 새 포도주와 기름을 주리니 너희가 이로 인하여 흡족하리라. 내가 다시는 너희로 열국 중에서 욕을 당하지 않게 할 것이며'"(2:19). 그는 곡식과 새 포도주와 기름을 주실 것입니다. 우리의 필요를 채우시되, 구하기도 전에 흡족하게 채워 주실 것입니다.

많이 벌고 있는데도 남는 것이 없고 항상 쪼들리는 것은 그만큼 새는 구멍이 많기 때문입니다. 수입이 늘면 지출해야 할 부분도 느는 법입니다. 그러나 말씀으로 돌아오면 수입은 늘지 않아도 흡족합니다. 하나님께서 나의 삶을 채워 주시기 때문입니다. 아둥바둥 애쓴다고 돈이 모이는 것이 아닙니다. 아무리 돈을 모아도 사고 한 번 나면 몇백만 원이 새나가고, 아무리 좋은 차 사도 한 번 박으면 또 몇백만 원이 새나갑니다. 그러나 하나님께서 기뻐하시는 모습으로 살려고 애쓰다 보면 그가 여러모로 지켜 주시고 보호해 주십니다. 우리가 잘 몰라서 그렇지, 큰 사고 없이 지내고 아이들이 건강하게 자라는 것만으로도 얼마나 많은 돈이 절약되는지 모릅니다.

또한 하나님께서는 우리가 다시는 열국에 욕을 당하지 않게 하십니다. 새로운 군대를 만든 것도 아니고 새로운 무기를 도입한 것도 아닙니다. 그런데 열국이 우습게 여기지 못합니다. 왜 그렇습니까? 하나님께서 함께하신다는 증거가 나타나기 때문입니다. 내가 굳이 나를 드러내지 않아도 사람들이 저절로 알아봅니다. 아브라함의 삶이 그러했고 이삭의 삶이 그러했습니다. 그들은 아내를 빼앗기고도 아무 말 못할 정도로 미약한 나그네들이었습니다. 그러나 그들이 하나님 앞에 아름다운 마음을 가지고 있었기 때문에, 아무도 그들의 아내에게 손대지 못하도록 막아 주셨습니다. 그들에게는 하나님께서 함께하신다는 증거가 나타났습니다. 그래서 왕들이 제발로 먼저 찾아와 제발 불가침조약을 맺자고 부탁했습니다. 국가와 개인 간에 조약을 맺자는 것입니다. 그들은 일개 개인이었지만 국가보다 강했습니다.

부흥이 무엇입니까? 하나님께서 손을 들어 치시기 전에 스스로 아름답지 못한 부분을 잘라 버리고 수술하는 것입니다. 그러면 하나님과 우리 사이에 큰 다리가 생기게 됩니다. 다리가 끊어지면 쌀 한 가마 옮기기도 힘들지만, 다리만 생기면 수없이 많은 것들이 오갈 수 있습니다. 하나님과 우리 사이에 다리가 생기면 이루실 수 없는 하나님의 은혜가 우리에게 넘어오기 시작합니다. 감격이 오고 기쁨이 오고 눈물이 오고 기도의 응답이 오고 병이 치료되고 사람과의 관계가 회복되고 모든 것이 살아납니다. 이것이 부흥입니다.

유다를 괴롭히는 원수들에 대해서는 어떻게 하겠다고 하십니까? "'내가 북편 군대를 너희에게서 멀리 떠나게 하여 메마르고 적막한 땅으로 쫓아내리니 그 전군은 동해로, 그 후군은 서해로 들어갈 것이라. 상한 냄새가 일어나고 악취가 오르리니 이는 큰일을 행하였음이니라' 하시리라"(2:20). 여기에서 "북편 군대"는 일차적으로 메뚜기 떼를 가리킵니다. 지금 유다 백성들을 공격하기 위해 수억만 마리의 메뚜기가 준비되어 있습니다. 인공위성으로 찍으면 찍힐 정도로 엄청난 메뚜기 떼가 온 땅을 덮고 있습니다. 그러나 유다 백성들이 지금이라도 우상을 버리고 하나님께 돌아오기만 하면 이 메뚜기 떼 전군은 동해로, 후군은 서해로 쓸어 넣어서 썩는 냄새가 진동하게 만드시겠다는 것입니다.

메뚜기가 좀 참으면서 기다리고 있는 것과 바다에서 아주 썩어 버리는 것에는 차이가 있습니다. 메뚜기가 참고 있을 경우에는 다음에 다시 쳐들어올 가능성이 있지만, 바다에 쓸려 들어가 썩어 버릴 경우에는 다시는 쳐들어올 수 없기 때문입니다. 예를 들어 나를 괴롭히던 사람을 경찰에 신고한다고 해서 문제가 끝나는 것이 아닙니다. 얼마간 감옥에 갇혀 있다가 나오면 그때부터 아예 본격적으로 괴롭히기 시작합니다.

이것이 무슨 말입니까? 내 힘으로 어려움을 해결하려 들지 말고 하나님께서 해결하시게 하라는 것입니다. 우리가 파리채 들고 메뚜기를 잡아 봤자 얼마나 잡겠습니까? 그러나 말씀으로 돌아옴으로써 하나님께서 해결하시게 만들면, 전군은 동해로 후군은 서해로 쓸어 넣어서 완전히 썩어 악취를 풍기게 하십니다. 하나님께서는 임시방편으로 일을 처리하시지 않습니다. 근원을 철저하게 파헤쳐서 완전하게 해결하시며, 우리 코로 그 냄새를 맡게 하십니다.

오늘 성경이 우리에게 말씀하시는 것이 무엇입니까? 하나님께서는 진정으로 우리에게 복 주기 원하시며 모든 귀중한 것을 주기 원하신다는 것입니다. 그런데 문제는 우리가 준비되어 있지 않다는데 있습니다. 조금씩 죄를 용납하며 세상을 닮아 가는 우리의 태도가 하나님의 복을 막고 있고, 우리의 교만이 하나님의 가슴에 상처를 내고 있습니다. 하나님의 백성이 하나님께 돌아가지 않을 때 절대 행복할 수 없습니다. 산 너머 산입니다. 한 번 메뚜기가 쳐들어오는 것으로 끝나지 않습니다. 어린 메뚜기가 지나가면 큰 메뚜기가 찾아옵니다. 큰 메뚜기가 지나가면 늙은 메뚜기가 찾아옵니다. 그 뒤에도 수없이 많은 것들이 대기하고 있습니다. 하나님께서는 그렇게 해서라도 절대로 우리를 포기하지 않으십니다. 그리고 이런 어려움 가운데 길을 돌이켜 하나님의 말씀으로 돌아오려는 마음이 우리 안에 조금이라도 생기는 것이 보이면, 그 즉시 마음이 뜨거워지면서 우리를 에워싸고 있는 원수들과 직접 싸우기 시작하십니다.

하나님께서 오늘 우리에게 그분의 마음을 주시기를 바랍니다. 우리가 하나님 앞에 정직하게 살지 못한 것이 얼마나 그분의 마음을 아프게 했는지, 그 아픔이 우리 속에 사무치기를 바랍니다. 옷을 찢는 것으로는 해결되지 않습니다. 눈물 한 번 흘리는 것으로는 해결되지 않습니다. 아름답지 못한 직업을 포기하고 굶을 각오를 해야 합니다. 아름답지 못한 관계를 끊어 버리고 다시는 만나지 않을 각오를 해야 합니다. 하나님께서 기뻐하시지 않는 방법으로 사는 길에서 떠나기 위해 보따리를 싸야 합니다. 그때 우리를 향해 하나님의 중심이 뜨거워질 것이며, 성령으로 우리를 축복해 주실 것입니다.

4

—

회복시키시는 하나님

요엘 2:21-27

^{2:21} 땅이여, 두려워 말고 기뻐하며 즐거워할지어다. 여호와께서 큰일을
행하셨음이로다.
²² 들짐승들아, 두려워 말지어다. 들의 풀이 싹이 나며 나무가 열매를
맺으며 무화과나무와 포도나무가 다 힘을 내는도다.
²³ 시온의 자녀들아, 너희는 너희 하나님 여호와로 인하여 기뻐하며
즐거워할지어다. 그가 너희를 위하여 비를 내리시되 이른 비를
너희에게 적당하게 주시리니 이른 비와 늦은 비가 전과 같아 줄 것이라.
²⁴ 마당에는 밀이 가득하고 독에는 새 포도주와 기름이 넘치리로다.
²⁵ "내가 전에 너희에게 보낸 큰 군대 곧 메뚜기와 늦과 황충과 팟종이의
먹은 햇수대로 너희에게 갚아 주리니
²⁶ 너희는 먹되 풍족히 먹고 너희를 기이히 대접한 너희 하나님 여호와의
이름을 찬송할 것이라. 내 백성이 영영히 수치를 당치 아니하리로다.
²⁷ 그런즉 내가 이스라엘 가운데 있어 너희 하나님 여호와가 되고
다른 이가 없는 줄을 너희가 알 것이라.
내 백성이 영영히 수치를 당치 아니하리로다."

2:21-27

큰 수술을 한 환자에게는 '회복'이 대단히 중요합니다. 큰 수술은 건강이 악화될 대로 악화된 상태에서 마지막으로 받게 되는 경우가 많기 때문에, 자칫하면 수술을 받고 나서도 건강을 회복하지 못할 수 있습니다. 그러나 수술을 받고 파김치가 되어 입원실로 돌아온 사람이 차츰 건강을 회복하여 결국 완전히 건강을 되찾게 되었다면, 그때의 기쁨은 말로 표현하기 어려울 것입니다. 아마 자기가 아는 사람들은 물론이고 모르는 사람들까지 다 불러 모아 그 기쁨을 함께 나누고 싶을 것입니다.

　요엘이 보기에 유다는 회복 불능의 중환자와 같았습니다. 겉은 괜찮아 보여도 속은 너무나도 처참하게 망가져 있어서 과연 이런 사회가 다시 나라를 이룰 수 있을까 상상이 되지 않을 정도였습니다. 그들은 어느 민족도 경험하지 못한 메뚜기 재앙을 겪게 될 것입니다. 메뚜기 재앙은 요즘 말로 표현하면 원자폭탄이 터진 것과 같습니다. 원자폭탄이 한 번 터지면 아무것도 남아나지 않는 것처럼, 메뚜기 떼가 한 번 휩쓸고 지나가면 들판에든 산에든 남아나는 것이 하나도 없었습니다. 그런데 그런 메뚜기 재앙이 한 번도 아니고 여러 차례 닥친다는 것입니다. 게다가 기근에 가뭄까지 닥쳐서 들짐승들이 죽어 넘어지고, 큰 들불이 일어나 그나마 남은 것들까지 모조리 태워 버릴 것입니다. 그리고 산 너머에는 무서운 군대가 대기하고 있습니다. 지금 유다는 심장 수술, 뇌 수술, 간이식 수술, 온갖 수술 다 받아도 부족할 정도로 심한 영적인 병에 걸려 있습니다. 심장만 간신히 뛰고 있을 뿐이지 멀쩡한 구석이 한 군데도 없습니다.

요엘은 이런 유다 백성들을 향해 한 가지 제안을 합니다. 옷을 찢을 것이 아니라 마음을 찢고 하나님께 돌아가자는 것입니다. 이 사람은 이런 이유로, 저 사람은 저런 이유로 빠지지 말고 모든 백성이 몰수히 모여서 살려 달라고 하나님께 부르짖어 보자는 것입니다. 오늘 본문은 그렇게 부르짖었을 때 하나님께서 어떻게 응답하실 것인가에 대해 말씀하고 있습니다. 하나님께서는 그들의 상처를 깨끗이 치료해 주실 것입니다. 아프기 전보다 더 건강하게, 심판을 받기 전보다 더 아름답게 회복시켜 주실 것입니다.

하나님의 지혜는 사람의 지혜와 다릅니다. 사람의 지혜는 남이 모르는 것을 약삭빠르게 알아내서 자기 이익을 챙기는 지혜입니다. 그러나 하나님의 지혜는 다릅니다. 하나님께서는 자기 백성이 말씀에 불순종하고 교만하게 행할 때 실컷 두들겨 부수십니다. 형체를 알아보지 못할 정도로, 도저히 회복이 불가능해 보일 정도로 두들겨 부수십니다. 그러나 그 백성들이 두 손 들고 겸손하게 돌아오는 바로 그 순간부터 알아볼 수 없이 망가져 버린 형체를 다시 맞추어 가기 시작하시는데, 처음보다 더 완벽하고 아름다운 모습으로 맞추어 가십니다. 이것이 하나님의 지혜입니다.

오늘 본문은 크게 두 부분으로 나눌 수 있습니다. 첫째 부분은 2장 21절부터 24절까지이고, 둘째 부분은 25절부터 27절까지입니다. 얼핏 보면 비슷한 내용이 두 번 반복되고 있는 것 같지만, 사실은 단순한 반복이 아닙니다. 앞부분에서는 하나님께서 회복시켜 주실 것을 기뻐하며 찬양하고 있다면, 뒷부분에서는 유다와 하나님과의 관계, 즉 하나님께서 유다 백성들을 어떻게 대하실 것인가에 대해 이야기하고 있습니다.

회복시키시는 하나님

선지자는 회복의 말씀을 선포하면서 삼중의 초청을 하고 있습니다. 21절에서는 땅을 초청합니다. 유다 백성들이 하나님께 불순종하는 바람에 가장 심하게 두들겨 맞은 곳이 바로 땅이기 때문입니다. 그래서 땅에게 두려워 말며 기뻐하고 즐거워하라고 합니다. 22절에서는 들짐승들을 초청하고 있습니다. 들짐승들은 가뭄과 들불 때문에 큰 타격을 입은 피해자들입니다. 그러나 이제는 그런 식으로 죽을 일이 없을 테니 두려워하지 말라고 합니다. 그리고 나서 시온의 자녀들, 즉 유다 백성들을 초청합니다. 이처럼 선지자는 땅과 들짐승과 시온의 백성들을 다 초청하여 하나님 백성의 회복을 다함께 기뻐하고 찬양하자고 말하고 있습니다.

하나님의 백성들이 이런 회복의 찬양을 부를 수 있는 때는 과연 언제일까요? 집도 마련해 주시고 결혼도 시켜 주시고 아이도 낳게 하시고 다른 문제들도 모두 해결해 주신 후입니까? 그렇지 않습니다. 오히려 눈에 보이는 문제들은 하나도 회복되지 않았음에도 불구하고, 아직 돈 한 푼 들어오지 않았고 다른 어려움들도 해결되지 않았음에도 불구하고, 진심으로 기도하는 가운데 하나님께서 나의 기도를 받으셨다는 확신을 가지고 믿음의 눈으로 미래를 내다볼 때, 회복의 노래가 흘러나옵니다.

모든 문제가 해결된 것을 확인한 후에야 회전의자에 앉아 커피 마셔 가면서 회복의 노래를 부르려 하는 사람은 미련한 사람입니다. 모든 일은 마음속에서 먼저 이루어집니다. 우리는 마음으로 하나의 분수령을 넘어섭니다. 지금까지는 말로만 믿는다고 하면서 사실은 내 고집과 욕심대로 살아왔습니다. 내 뜻대로 되지 않을 때마다 신경질내고 화내면서 교만하게 살아왔습니다. 그러다가 하나님께 징계를 받아 만신창이가 되었는데, 문득 '하나님께 기도해 보자. 진심으로 한번 매달려 보자'는 생각이 듭니다. 그래서 기도를 시작했는데, 생각지도 못했던 말들이 마구 튀어나오면서 눈물이 솟구쳐 오릅니다. '내가 정말 미련하게 살아왔구나! 정말 교만하게 살아왔구나! 나는 맞아도 싸다!' 하는 깨달음이 가슴을 칩니다. 그래서 진심으로 회개하며 하나님께서 싫어하시는 일을 버리고 돌아서면 마음이 그렇게 가벼울 수가 없습니다. 마치 날아갈 것 같습니다. 바로 그럴 때, 아직 눈앞에 이루어진 것은 하나도 없어도 하나님께서 나의 모든 것을 축복하시고 회복시키리라는 확신이 들면서 회복의 노래가 흘러나오는 것입니다.

요엘이 제일 먼저 땅을 초청하며 말하는 것은 무엇입니까? "땅이여, 두려워 말고 기뻐하며 즐거워할지어다. 여호와께서 큰일을 행하셨음이로다"(2:21). 땅은 유다 백성들 때문에 큰 피해를 입은 당사자 중에 하나입니다. 메뚜기가 날아와 땅의 소산을 다 갉아 먹었습니다. 가뭄 때문에 땅의 표면도 쩍쩍 갈라져 버렸습니다. 들불이 붙어서 그나마 남아 있던 것들을 다 태워 버렸습니다. 군대까지 몰려와 모조리 짓밟아 버렸습니다. 이렇게 연속적으로 두들겨 맞다 보니 땅도 정신이 하나도 없습니다. 그래서 요엘은 땅을 제일 먼저 위로하면서, 이제는 기뻐하고 즐거워하라고 말합니다.

왜 기뻐하고 즐거워하라고 합니까? "여호와께서 큰일을 행하셨"기 때문입니다. 여호와께서 행하신 큰일이란 다른 것이 아닙니다. 바로 그 백성들을 정신차리게 하시고 죄에 대해 결단을 내리게 하신 것입니다. 예수 안 믿는 사람을 예수 믿게 하는 것도 큰일이지만, 예수 믿는 사람을 정신차리게 만드는 것은 더 큰일입니다. 유다 백성들은 이제 죄가 무엇인지 알았습니다. 따라서 이제 다시는 그런 짓을 하지 않을 테니 두려워 말고 기뻐하며 즐거워하라는 것입니다. "미안하다, 땅아. 우리 때문에 죽도록 고생했지? 이제는 두려워 말고 기뻐하며 즐거워해도 돼. 왜냐하면 이제 다시는 네가 고생할 짓 안 할 거거든. 이제 하나님께서 우리를 마구 축복해 주실 거거든."

어떤 나라에 황태자가 있는데, 날이면 날마다 술이나 마시고 방탕한 생활을 하면서 허송세월한다면 그 나라 백성들이 얼마나 근심이 되겠습니까? 그런데 그러던 사람이 어찌 된 일인지 어느 날 갑자기 술도 끊고 방탕한 생활도 접고 겸손하게 열심히 공부하기 시작했다면 정말 큰일이 해결된 것이나 다름없을 것입니다.

오늘 하나님께서 우리 가운데 행하시는 큰일이 무엇입니까? 우리를 겸손하고 정직하게 만드시며, 잘못된 길에서 돌이켜 100퍼센트 하나님만 의지하게 만드시는 것입니다. 이것이 얼마나 어려운 일인지 모릅니다.

날마다 술과 노름에 절어 사는 남편이 있었습니다. 그는 집에 들어올 때마다 대문을 걷어차고 그릇을 깨부수었습니다. 그런데 어찌 된 일인지 이 남편이 크게 회개하게 되었습니다. 그는 '이제 보니 내가 인간도 아니었구나. 정말 짐승처럼 살아왔구나!' 하는 마음으로 집에 돌아오면서, 제일 먼저 대문부터 쓰다듬으며 위로합니다. "대문아, 이제 무서워하지 마라. 다시는 술 퍼마시고 널 걷어차는 일은 없을 거다." 그리고 집에 들어와서 그릇들을 어루만지면서 위로합니다. "그릇들아, 너희도 걱정 마라. 이제 다시는 내던지지 않을게. 하나님께서 나에게 큰일을 행하셨단다."

'하나님의 지혜'라고 할 때 우리는 그분의 전지하심만 생각하기 쉽습니다. 물론 하나님께서는 모든 것을 알고 계십니다. 그러나 진정으로 하나님의 지혜가 빛나는 부분은 어디입니까? 믿는다고 말은 하는데 실제 사는 모습을 보면 전혀 대책이 서지 않는 사람들, 지금 모습 그대로 천국 가면 그야말로 큰일날 것 같은 사람들을 포기하지 않으시고, 질병을 주시든지 실패하게 하시든지 인생 밑바닥으로 떨어뜨리시든지 그 밖에 무슨 수를 써서라도 잘못된 길에서 돌이키게 만드시는 것, 이것이야말로 하나님의 지혜가 빛나는 부분입니다. 이 일이 일어나야 대문도 편해지고 밥그릇도 편해집니다. 이 일이 일어나야 땅도 편해지고 짐승도 편해집니다.

하는 일마다 뜻대로 되지 않습니까? 정말 욕심을 내서 살아왔는데 어느 한순간 인생 밑바닥으로 추락해 버렸습니까? 요엘 선지자의 말대로 하나님께 돌아가십시오. 아무 조건 없이 하나님께 돌아가십시오. "하나님, 돌아가긴 갈 텐데요, 그래도 집은 주셔야 합니다", "돌아가긴 돌아가겠지만, 3개월 안에 결혼시켜 주셔야 합니다. 그게 안 되면 저도 다 생각이 있습니다"라고 말하지 말고 무조건 돌아가십시오. 일단 그렇게 결단만 하고 나면 얼마나 마음이

평안해지는지 모릅니다. 잘살려고 몸부림칠 때는 우선 마음이 너무 힘듭니다. 그런데 '살든지 죽든지 다 맡겨 버리자. 먹을 거 없으면 굶지, 뭐. 망하게 되면 망하지, 뭐' 하는 심정으로 결단해 버릴 때, 희한하게도 하나님께서 나를 축복하실 것 같다는 확신이 생깁니다. 구체적인 과정은 모르겠지만 나의 미래를 축복하실 것 같다는 확신이 생깁니다.

그때 나의 입에서 회복의 노래가 흘러나오고, 나의 눈에 세상 모든 것들이 새롭게 보이기 시작합니다. 땅이 새롭게 보입니다. 산천초목이 새롭게 보입니다. 돌멩이 하나, 풀 한 포기가 전부 새롭게 보입니다. 왜 그렇습니까? 하나님께서 새 마음을 주셨기 때문입니다. 하나님께서 큰일을 행하셨기 때문입니다.

요엘은 들짐승들도 초청합니다. "들짐승들아, 두려워 말지어다. 들의 풀이 싹이 나며 나무가 열매를 맺으며 무화과나무와 포도나무가 다 힘을 내는도다"(2:22). 유다 백성들이 언제 들짐승들에게까지 관심을 가졌습니까? 그들은 자기밖에 모르는 사람들이었습니다. 이웃이 굶든지 말든지, 들짐승들이 죽든지 말든지 상관하지 않던 사람들이었습니다. 그런데 이제는 다른 존재들의 행복이 그렇게 소중할 수가 없고, 자기 죄 때문에 그들을 고생시킨 것이 그렇게 미안할 수가 없습니다. 예전에는 꽃도 자기중심적으로 좋아했습니다. 장미도 수십 송이씩 받아야 만족스럽지, 자기 생각보다 몇 송이만 적어도 신경질이 나고 색깔만 달라도 신경질이 났습니다. 그러나 회개하고 나니까 들판에 핀 들꽃 한 송이도 그렇게 아름다워 보일 수가 없습니다. 모든 만물이 그 나름대로 하나님을 찬양하면서, 한없이 아름다운 모습으로 서 있는 것만 같습니다.

요엘은 무화과나무와 포도나무도 힘을 낸다고 말합니다. 나무

들도 서로 "야, 우리 힘 좀 내자. 우리 그동안 너무 침체되어 있었
잖아? 하나님의 백성들이 제대로 살지 않는 바람에 너무너무 힘들
었지. 하지만 이젠 좀 힘을 내 보자" 하면서 싹을 내고 꽃을 피운
다는 것입니다.

　마지막으로, 시온의 자녀들이 기뻐해야 할 일은 무엇입니까?
"시온의 자녀들아, 너희는 너희 하나님 여호와로 인하여 기뻐하며
즐거워할지어다. 그가 너희를 위하여 비를 내리시되 이른 비를 너
희에게 적당하게 주시리니 이른 비와 늦은 비가 전과 같을 것이
라"(2:23).

　시온의 자녀들은 무화과나무나 포도나무가 다시 열매를 맺는
것과 같은 가시적인 결과만 보고 기뻐하지 않습니다. 물론 그것도
감사한 일이지만, 그보다 더 감사한 일은 하나님의 은혜가 회복된
그것입니다. 유다 백성에게는 하나님의 은혜가 비를 통해 나타났
습니다. 팔레스타인에는 비가 일 년에 딱 두 번 옵니다. 그것이 이
른 비와 늦은 비입니다. 이 비가 제때 내린다는 것은 하나님께서
그들을 용서하시고 다시 은혜를 베푸시며 사랑하신다는 증거였습
니다. 비만 제때 내리면 다른 것은 염려할 필요가 없습니다. 한번
은혜를 베풀기 시작하셨으면 앞으로의 모든 삶 또한 책임져 주실
것이 분명하기 때문입니다.

　구약학자들은 "이른 비를…… 적당하게 주시리니"라는 구절을
놓고 많은 논쟁을 벌였습니다. 이 구절은 히브리어로 '하 모레 리
츠다카'인데, '하'는 정관사이고, '모레'는 '이른 비' 또는 '교사'
를 뜻하며, '리츠타카'는 '적당하게'나 '의로운'으로 번역될 수
있습니다. 따라서 "이른 비를…… 적당하게 주시리니"라는 구절은
'의의 교사를 보내리니'라는 뜻도 될 수 있습니다. 즉 회개하는

자들에게 의의 교사 되시는 그리스도를 보내어 진리를 가르치신다는 뜻으로 볼 수 있는 것입니다.

사실 하나님께서는 회개하는 자들을 물리적으로만 회복시키시지 않습니다. 의의 교사를 보내서 더 깊은 진리의 자리로 인도하십니다. 실제로 고난을 당해 본 성도와 당해 보지 않은 성도가 진리를 인식하는 수준을 보면, 비교할 수 없는 차이가 나타나는 것을 알 수 있습니다. 고난을 당해 보지 않은 성도의 신앙이 온몸을 달달 떨면서 간신히 턱걸이해서 천국 가는 신앙이라면, 고난을 당한 성도의 신앙은 넉넉하고 풍성한 신앙이라고 할 수 있습니다. 예를 들어 참된 말씀이 선포되었을 때, 고난을 당해 본 사람은 한두 마디만 듣고서도 '이것이 굉장한 진리로구나!' 하는 것을 깨닫고 마음 문을 열고 귀를 기울이지만, 어려움을 겪어 보지 않은 사람은 '이게 무슨 뜻이지? 논리적으로 이해가 안 되네' 하면서 그냥 집으로 가 버리는 식입니다.

그러나 칼빈은 '하 모레'를 '의의 교사'로 번역하는 것에 반대합니다. 같은 단어가 23절에 두 번 나오는데, 그중 하나는 반드시 '이른 비'로 번역해야 하기 때문입니다. 사실 같은 단어가 한 구절에서 두 가지 뜻으로 사용되었다고 보기는 어렵습니다. 저도 한 문장에 나오는 똑같은 단어를 하나는 '교사'로, 하나는 '이른 비'로 옮기는 것은 지나친 번역이라고 생각합니다. 그럼에도 불구하고 앞에 나오는 '이른 비'를 '교사'로 보는 것은 히브리인들 사이에 오래 자리잡아 온 관행입니다.

여하튼 분명한 점은, 하나님의 백성들에게 일단 은혜가 회복되기 시작했다면 다른 문제는 전혀 걱정할 필요가 없다는 것입니다. 사실 유다 백성들에게 필요한 것이 어디 비뿐이겠습니까? 농기구도 있어야 하고, 농사지을 종자나 당장 먹고살 양식도 있어야 할 것입니다. 그러나 그들은 아무것도 걱정할 필요가 없습니다. 비가 제때 내린다는 것은 앞으로 필요한 모든 것을 하나님께서 책임져 주신다는 뜻이기 때문입니다.

한번 건강을 잃거나 실패했다가 회개하고 나서 다시 시작하려 하다 보면 필요한 것이 한두 가지가 아닙니다. 친구들도 다 떠났고 공부할 시기도 놓쳤습니다. 시대에 너무 뒤떨어진 나머지 꼭 외계인이 된 기분입니다. 그럴 때 드는 두려운 생각이 무엇입니까? '하나님께서 은혜를 주시기는 하셨지만, 내가 과연 앞으로 사람 구실을 하면서 살 수 있을까?' 하는 것입니다. 이런 우리의 두려움에 대해 하나님께서는 걱정하지 말라고 하십니다. 하나님 자신이 모든 것을 책임져 주겠다고 하십니다.

저는 설교를 준비할 때마다 늘 감사한 일이 있습니다. 사실 처음에 설교를 준비하려고 하면 아무것도 떠오르지 않습니다. 늘 백지 상태입니다. 그런데 주님께서 매번 말씀을 주십니다. 그것은 하나님의 은혜가 떠나지 않았다는 증거입니다. 이것이 저에게는 이른 비가 적당하게 내리는 일과 같습니다. 개인적인 사정을 일일이 알지는 못하지만 여러분 각자에게 필요한 것들이 아주 많이 있을 줄 압니다. 그러나 저는 별로 걱정하지 않습니다. 이렇게 말씀이 계속 주어지고 있다는 것은 하나님께서 우리를 사랑하고 계시며 은혜를 회복시키고 계시다는 증거이기 때문입니다. 이 증거가 있는 한 다른 축복들 또한 절대 빼앗길 리가 없습니다.

24절은 은혜가 회복된 결과를 보여 주고 있습니다. "마당에는 밀이 가득하고 독에는 새 포도주와 기름이 넘치리로다." 예전 같으면 이런 풍성한 생활에 빠져서 얼마나 교만해졌겠습니까? 그러나 한번 어려움을 겪은 성도는 밀이 많아서 썩든 말든, 포도주가 많아서 넘치든 말든 전혀 개의치 않은 채 변함없이 하나님을 기쁘시게 하며 영광스럽게 합니다.

하나님과 유다 백성의 관계

이제 본문은 하나님과 그 백성의 관계에 대해 말씀합니다. 첫째로, 하나님은 그 백성들이 하나님 안에서 고생한 모든 부분을 채워 주고 보상해 주는 분이십니다. "내가 전에 너희에게 보낸 큰 군대 곧 메뚜기와 늣과 황충과 팟종이의 먹은 햇수대로 너희에게 갚아 주리니"(2:25).

유다 백성들을 괴롭힌 메뚜기 떼는 하나님께서 보내신 군대였습니다. 하나님은 손이 많으십니다. 곤충들도 하나님의 손이고, 우리를 대적하는 사람도 하나님의 손이며, 태풍이나 지진이나 가뭄 같은 자연재해도 하나님의 손입니다. 사람들은 하나님을 말씀 말고는 아무것도 하실 수 없는 분처럼 생각하는데, 사실은 이 세상 모든 것이 그분의 손이요 발입니다. 하나님께서는 깨닫지 못하는 백성을 못된 친구나 가족을 통해 때리시기도 하고 벌레를 통해 때리시기도 합니다. 하나님께는 우리를 괴롭히실 수 있는 방법이 수천 가지 있습니다. 그래서 가끔씩 예수 믿은 것이 후회될 때도 있습니다. 하나님을 모르는 사람들은 어떻게 살든 만사가 척척 잘 돌아가는데 하나님을 믿는 나는 사사건건 길이 막힙니다. 그러다가 어느 날 문득 돌아보면 나 혼자만 폐인이 되어 있습니다.

그러나 하나님께서 말씀하시는 바가 무엇입니까? 진정으로 자신을 낮추는 가운데 "하나님, 지금까지 잘난 척하며 살았지만 사실 제 진짜 모습은 폐인이 된 바로 이 모습입니다” 하면서 하나님께 돌아갈 때, 잃어버린 세월을 하나하나 다 계산해서 채워 주신다는 것입니다. 그동안 흘린 눈물을 방울방울 다 헤아려서 갚아 주신다는 것입니다. 하나님의 뜻을 찾기 위해 방황하고 고민하느라 잠 못 이룬 밤을 하루하루 다 계산해서 갚아 주신다는 것입니다. 이것이 “메뚜기와 늣과 황충과 팟종이의 먹은 햇수대로” 갚아 주신다는 말씀의 뜻입니다.

하나님 때문에 고생하고 하나님 때문에 방황하고 하나님 때문에 시간을 낭비했습니까? 하나님께서 친히 그 모든 것을 갚아 주실 것입니다. 처음에는 내가 교만하고 죄를 지은 탓에 고난을 받습니다. 그러나 그런 고난을 겪는 가운데 내가 정말 큰 죄인인 것을 깨닫고 하나님만 전적으로 의지하면서 살기로 결단하는 순간, 그 모든 연단과 고난은 하나님의 연단과 고난이 되어 버립니다. 하나님께서 친히 그 모든 잃어버린 세월을 햇수대로 장부에 기록하여 계산해 주십니다.

26절에서는 무엇이라고 말씀하고 있습니까? “너희는 먹되 풍족히 먹고 너희를 기이히 대접한 너희 하나님 여호와의 이름을 찬송할 것이라. 내 백성이 영영히 수치를 당치 아니하리로다.”

하나님의 백성은 영원히 주리지 않습니다. 물론 처음에는 고생합니다. 그러나 겸손해지기만 하면, 전적으로 하나님을 의지하기만 하면, 그동안 고생한 것, 굶은 것, 잃은 것 모두를 다 갚으셔서 풍족하고 넉넉하게 대접해 주겠다고 말씀하십니다. 이것은 어디서 갑자기 떼돈이 생긴다는 뜻이 아닙니다. 실제로 풍성함은 많은 소유를 얻는 데서 나오는 것이 아니라 균형 잡힌 삶에서 나오는 것입니다. 어딘가 치우쳐서 무리하게 사는 사람은 쪼들릴 수밖에 없고 불안하게 살 수밖에 없습니다. 하나님께서는 우리에게 지혜를 주셔서 균형 잡힌 삶을 살게 하십니다. 철저하게 하나님의 말씀만 따라 사는 사람, 하나님께서 하라시는 것만 하는 사람의 삶에는 낭비가 없습니다. 가진 것이 많지 않아도 남을 도와 가며 얼마든지 풍성하게 살 수 있습니다.

선지자는 하나님께서 유다 백성들을 "기이히 대접"하셨다고 말하고 있습니다. 이것은 그들을 특별하게 대접하셨다는 뜻입니다. 하나님께서는 자기 백성들을 세상 사람들과 다른 방식으로 훈련시키십니다. 세상 사람들은 아무리 멋대로 살아도 간섭하지 않고 내버려 두셨다가 마지막 순간에 치십니다. 돼지가 아침에 늦게 일어난다고 야단치는 주인 봤습니까? 잔칫집 돼지한테는 아무 일도 시키지 않고 아무 스트레스도 주지 않습니다. 오히려 한약 찌꺼기 먹여 주고 좋은 음악 틀어 주면서 키웁니다. 그러다가 잔칫날이 되면 단번에 잡아 버립니다. 그러나 하나님의 백성은 그렇게 두지 않으십니다. 도망갈 데도 없고 손 벌릴 데도 없도록 철저하게 사면초가로 만들어서 하나님만 의지할 수밖에 없게 만드십니다. 이것이 기이하게 대접하시는 것입니다.

하나님만 전적으로 따라가는 삶은 불안합니다. 세상 사람들이 사는 방식과 너무나도 다르기 때문입니다. 웬만큼 비슷해야 비교도 할 수 있고 예측도 할 수 있는 것 아닙니까? 그런데 주도권은 주님이 쥐시고 나는 따라가기만 하니까 도저히 예측이 불가능합니다. 상식적으로 안 되는 일이 되기도 하고, 잘 풀리던 일이 꼬이기도 합니다. 도저히 알 수가 없어요. 그렇다고 해서 굶느냐 하면 그것도 아니고 쫄딱 망하느냐 하면 그것도 아닙니다. 그렇다고 떼돈을 벌거나 대대적인 성공을 거두는 것도 아닙니다. 여하튼 사람들이 다 "재기 불가능하다"고 하는 상황에서 살아납니다. 사람의 힘을 의지하지 않고 살아납니다. 이것이 기이하게 대접받는 것입니다.

이런 훈련을 받지 않은 사람이 부자가 되면 신앙을 저만치 뒷전으로 밀어내기 십상입니다. 또 이런 사람이 막다른 골목에 부딪치면 급격하게 침체되어 신앙생활 할 의욕을 잃어버립니다. 우리가 얼마나 까다롭고 상대하기 어려운 사람들인지 모릅니다. 이런 우리를 하나님께서는 너무나 기가 막힌 지혜로 길들여서, 결국에는 하나님의 말씀 한마디에 모든 것을 하는 사람으로 만들어 놓으십니다. 하나님이 가라 하시면 가고 서라 하시면 서는 사람들, 하나님과 똑같이 움직이는 용사들로 만들어 놓으십니다.

하나님께서는 그런 사람들을 데리고 싸우십니다. 군인이 아무리 많아도 진짜 싸울 수 있는 군인은 많지 않습니다. 전쟁터에 투입되어 싸울 수 있는 사람은 정예부대원들입니다. 며칠 굶었다 해도 전장에 뛰어들라고 하면 뛰어들고 아무리 뛰어들고 싶어도 멈추라고 하면 멈추는 정예부대, 바로 그들이 전쟁을 승리로 이끌 수 있는 사람들입니다. 우리는 믿는다고 말은 해도 사실은 오합지졸들이었습니다. 그런데 하나님께서 주시는 어려움을 통과하고 나면 눈에서 빛이 번쩍번쩍 나는 정예부대가 됩니다. 늘 겸손하면서도 힘을 써야 할 때가 오면 괴력을 발휘하는 용사가 됩니다.

"내 백성이 영영히 수치를 당치 아니하리로다"라는 것이 무슨 뜻입니까? 처음에는 수치를 당해야 한다는 것입니다. 처음에는 낭패를 겪어야 합니다. 인정사정없는 훈련을 받아 철저하게 낮아져야 합니다. '나는 정말 죄가 싫다. 남은 일생 동안은 정말 하나님의 뜻대로 살겠다. 절대로 하나님과 세상 사이에서 왔다 갔다 하지 않겠다'는 결단이 생길 때까지 수치를 당해야 합니다. 그러나 일단 그 수치에서 일어서고 나면 어떻게 됩니까? 다시는 수치를 당치 않게 됩니다. 왜냐하면 하나님께서 축복을 주시되 안전장치가 달린 축복을 주시기 때문입니다.

한번 낮아지는 과정을 겪은 사람은 죄짓는 것을 겁내고 교만을 무서워합니다. 조금이라도 교만이 생기기 시작하면 벌써 마음속에 경고등이 들어옵니다. 연단받은 사람은 하나님께서 교만을 얼마나 싫어하시는지 잘 알고 있습니다. 그래서 조금이라도 자기 속에 교만이 생기는 것 같으면 만사 제쳐놓고 하나님 앞에 나아가 "제가 또 제 자랑을 했고 자기 착각에 빠졌습니다. 저를 지켜 주십시오!" 하고 매달립니다. 이런 사람은 아무리 축복을 많이 받아도 넘어지지 않습니다.

그래서 인생 초반에 고생을 많이 하는 것이 좋습니다. 하나님의 말씀을 붙들고 눈물 흘리며 잠 못 이루는 경험, 다른 사람은 다 일이 잘 풀리는데 나 혼자만 실패하는 경험을 많이 하는 것이 좋습니다. 하나님의 뜻 안에서 낮아지는 경험을 충분히 하십시오. 충분히 고민하고 충분히 낮아져서 오직 주님만이 나의 모든 것이 되게 하십시오. 그러면 영영히 수치를 당치 않을 것입니다.

결국 하나님께서 원하시는 것이 무엇입니까? "그런즉 내가 이스라엘 가운데 있어 너희 하나님 여호와가 되고 다른 이가 없는 줄을 너희가 알 것이라. 내 백성이 영영히 수치를 당치 아니하리로다"(2:27). 하나님께서 우리를 이토록 철저하게 훈련시키시는 것은 우리 안에 영원히 거하시기 위해서입니다. 기쁨으로 우리 안에 거하시기 위해 온갖 어려움을 주셔서 하나님이 어떤 분인지 깨닫게 하시며 우리를 준비시키시는 것입니다.

나 자신은 하나님께서 영원히 거하시기에 적합한 사람입니까? 도저히 거하시지 못할 정도로 마음이 복잡하고 더럽지는 않습니까? 우리 교회는 하나님께서 영원히 거하시기에 적합한 곳입니까? 도저히 거하시지 못할 정도로 시끄럽고 죄악으로 가득 차 있지는 않습니까? 하나님을 우리에게서 몰아내지 맙시다. 하나님을 우리 안에 거하실 수 없게 만드는 모든 것을 청산합시다. 그러면 영영히 수치를 당치 않을 것입니다.

하나님의 지혜

하나님의 지혜는 어떤 지혜입니까? 하나님이 거하시기에 너무나도 부적합한 우리를 훈련시켜서, 흠도 티도 없는 거룩한 처소로 변화시키시는 지혜입니다. 은혜 받을 자격이 없는 우리를 훈련시켜서, 은혜를 아무리 퍼부어 주셔도 교만해지지 않는 백성으로 변화시키시는 지혜입니다.

사람은 사탄이 세 번만 핥아 주면 맛이 가게 되어 있습니다. "너 잘났다", "너 잘났다", "너 잘났다" 세 번만 핥아 주면 완전히 딴사람이 되어 버립니다. 하나님께서 원하시는 것은 하나님을 믿는 우리가 진정으로 겸손해지는 것입니다. 그렇게 되기 전에는 은혜를 주시지 않습니다. 오히려 수치를 당하게 하시고 손가락질 당하게 하십니다. 일단 하나님의 손에 붙잡힌 사람은 겸손한 사람이 되지 않을 도리가 없습니다. 그래서 하나님께서 나를 붙잡으셨다는 생각이 들 때에는 "하나님, 알아서 하십시오" 하고 일찌감치 두 손 드는 편이 낫습니다.

그 손에 죽기를 각오하고 그의 뜻대로 돌아오십시오. 무슨 고생이든지 하겠다는 자세로 그의 뜻에 순종하십시오. 그러면 그때부터 모든 것이 변하기 시작할 것입니다. 막혔던 은혜가 회복되기 시작할 것입니다.

하나님은 어떤 분이십니까? 능히 회복시키시는 분이십니다. 아무리 심하게 파괴되었더라도 전보다 훨씬 더 아름답게 회복시키시는 분이십니다. 하나님 때문에 시간을 낭비했고 많은 것을 손해 보았다 하더라도 원망하지 마십시오. 하나님께서 놀랍게 갚아 주실 것입니다. 내가 생각한 것 이상으로 갚아 주시고 축복해 주실 것입니다.

5

성령의 부으심

요엘 2:28-32

2:28 "그 후에 내가 내 신을 만민에게 부어 주리니 너희 자녀들이 장래 일을 말할 것이며 너희 늙은이는 꿈을 꾸며 너희 젊은이는 이상을 볼 것이며
29 그때에 내가 또 내 신으로 남종과 여종에게 부어 줄 것이며
30 내가 이적을 하늘과 땅에 베풀리니 곧 피와 불과 연기기둥이라.
31 여호와의 크고 두려운 날이 이르기 전에 해가 어두워지고 달이 핏빛같이 변하려니와
32 누구든지 여호와의 이름을 부르는 자는 구원을 얻으리니 이는 나 여호와의 말대로 시온 산과 예루살렘에서 피할 자가 있을 것임이요 남은 자 중에 나 여호와의 부름을 받을 자가 있을 것임이니라."

2:28-32

우리는 사진으로만 사람을 보는 것과 실제로 만나 보는 것 사이에 많은 차이가 있다는 사실을 잘 알고 있습니다. 사진은 정지화면입니다. 사진에 찍힌 사람은 움직이지도 않고 말도 하지 않습니다. 사진은 특정한 한 시점의 모습을 찍은 것에 불과합니다. 그렇기 때문에 사진 한 장으로는 도저히 사람의 됨됨이를 알 수가 없습니다. 그럴 때는 하루 날을 잡아 데이트를 하면서 이런저런 이야기를 나누는 것이 그 사람에 대해 알아 보는 데 훨씬 도움이 됩니다.

전에 어려움을 겪고 있던 어떤 형제가 "구약 시대 성도들이 우리보다 신앙생활 하기 훨씬 나았을 것 같아요" 하고 말하는 소리를 들은 적이 있습니다. 그래서 왜 그렇게 생각하느냐고 물었더니, 구약 시대 때는 하나님이 이리로 가라, 저리로 가라 하면서 육성으로 직접 말씀해 주셨으니 하나님의 뜻을 알기가 쉬웠을 거 아니냐는 것이었습니다. 그 말 속에는 '나는 지금 하나님의 뜻에 전적으로 순종할 자세가 되어 있는데, 하나님께서 뜻을 분명히 보여 주시지 않는 바람에 시간을 낭비하고 있고 어려움을 겪고 있다' 는 의미가 들어 있었습니다. 예를 들어 지난주 설교를 들었을 때는 회사에 사표를 내는 것이 하나님의 뜻 같았습니다. 그런데 이번 주 설교를 들으니 "끝까지 충성하라"고 합니다. 도대체 사표를 내는 것이 하나님의 뜻인지, 참고 다니는 것이 하나님의 뜻인지 알 수가 없습니다.

그러나 우리가 모르고 있는 사실이 하나 있습니다. 구약 시대 때 신앙생활을 한다는 것은 마치 사진 한 장 달랑 들고 있는 것과 같았습니다. 그러나 우리는 날을 잡아 데이트하듯이 하나님과 가까이 만나 무한히 말씀해 주시는 음성을 듣는 복된 시대에 살고 있습니다. 우리의 신앙생활은 단순히 하나님에 대한 지식을 외우는 것이 아닙니다. 미국 이민이 한창 유행했던 시절에는 가짜 결혼을 통해 영주권을 얻으려 하는 사람들이 많이 있었습니다. 그런 사람들은 이민국 시험에 합격하려고 가짜 남편이나 아내의 취미와 특징 같은 것을 적어서 외웠습니다. 그러나 진짜 부부는 그런 것을 외울 필요가 없습니다. 마찬가지로 우리는 하나님에 대한 지식을 외울 필요가 없습니다. 우리는 실제로 하나님과 함께 살고 있기 때문입니다.

오늘 말씀은 우리가 읽은 성경 말씀 중에 가장 귀하고 복된 말씀이라고 할 수 있습니다. 하나님께서 유다 백성들뿐 아니라 우리 같은 이방인들에게도 그 신을 부어 주겠다고 약속하고 계시기 때문입니다. 성령을 약간만 주시겠다고 하신 것이 아닙니다. 넘치도록 부어 주신다고 하십니다. 이것은 구약 시대 성도들이 이해하기 어려운 말씀이었습니다. 그때는 성령이 극히 예외적인 한두 사람에게만 임하여 일시적으로 능력을 주시거나 예언의 말씀을 주시곤 했기 때문입니다. 그들은 성령이 모든 사람에게 넘치도록 부어지는 경우에 대해서는 들은 적도 없었고 본 적도 없었습니다. 이것은 신약 시대를 살고 있는 우리에게 주어진 축복의 말씀입니다.

예수님께서 부활하시고 승천하신 후에, 끝까지 그를 따르던 사람들이 120명 정도 모여 기도하고 있는 중에 성령이 강하게 임하셨습니다. 불이 혀같이 갈라지는 모습이 보였고, 급한 바람 소리 같은 소리가 들렸습니다. 그들의 마음에는 기쁨과 담대함이 넘치기 시작했습니다. 그리고 그들이 입을 열자 전 세계에서 온 사람들이 그 말을 알아듣는 이적이 나타났습니다. 그때 베드로 사도가 인용한 말씀이 바로 오늘 말씀입니다. 그가 자신들에게 나타난 이 놀라운 현상을 요엘서 말씀의 성취로 설명하면서 복음을 전했을 때, 3,000명이 회개하는 역사가 일어났습니다.

이러한 성령의 부으심은 단 한 번으로 그친 것이 아니라, 교회사에서 여러 차례 반복되어 왔습니다. 특히 하나님의 백성들이 마땅히 누려야 할 기쁨과 축복을 잃고 세상과 타협해서 살고 있을 때, 하나님께서 그들을 어렵게 하시고 힘들게 하시며 병들게 하시고 가난하게 하신 후에 다시 그 영을 부어 주심으로써 교회의 영광을 되찾게 하셨던 일이 여러 번 있었습니다. 교회의 축복이 무엇입니까? 이 성령의 부으심에 관한 약속을 가지고 있는 것입니다. 성령이 부어지기만 하면 아무리 침체되어 있고 병들어 있던 교회도 능력을 되찾을 수 있습니다. 그 교회를 세상이 이기지 못합니다.

이 말씀을 대하면서, 오늘이야말로 우리가 이 요엘의 축복을 되찾아야 할 때라는 사실을 생각지 않을 수가 없습니다. 오늘날 교회는 어떤 책의 제목처럼 '기억상실증에 걸린 신데렐라'와 같습니다. 왕자는 지금 유리구두 한 짝의 주인을 애타게 찾고 있습니다. 그런데 신데렐라가 왕자와 춤추었던 사실을 까맣게 잊은 채, 자기가 누구이며 누가 자기를 찾고 있는지 아랑곳하지 않고 빨래나 하면서 만족하고 있으면 되겠습니까? 한시라도 빨리 정신을 차려서 자기를 기다리고 있는 그 놀라운 축복과 영광을 되찾아야 하지 않겠습니까?

나타나시는 하나님

우리가 첫 번째로 생각해야 할 것은, 성령이 부어지기까지 오랜 기다림이 필요했다는 사실입니다. 지금까지 요엘은 무시무시한 재앙을 선포했습니다. 이런 재앙들을 다 당하고서도 과연 유다 백성들이 살아남을 수 있을까 싶을 정도로 무서운 재앙이 반복될 것을 예언했습니다. 하나님께서는 왜 이렇게 무서운 재앙을 거듭해서 내리려 하십니까? 유다 백성들로 하여금 오로지 하나님만 소망하게 하시기 위해서, 하나님이 주실 것만을 기다리게 하시기 위해서입니다.

유다 백성들은 실제로 이 재앙들을 다 당했습니다. 그들은 예루살렘의 멸망을 경험했고 바벨론에 포로로 잡혀갔습니다. 그리고 다시 돌아온 후에도 무려 400년이나 더 기다려야 했습니다. 그 이유가 무엇입니까? 성령이 부어지는 이 일이 그만큼 크고 엄청난 일이었기 때문입니다. 그것은 예루살렘이 멸망하고 수많은 백성들이 포로로 잡혀가는 그 모든 희생과 눈물과 400년의 기다림을 갚고도 남을 만큼 엄청난 축복이었습니다.

최근에 우리는 55년 만에 남북 정상이 만나는 장면을 목격했습니다. 그 장면 앞에 남북한 할 것 없이 모든 국민이 감격에 벅차했고 외국인들도 놀라워했습니다. 그것은 55년이나 기다릴 가치가 있을 만큼 반갑고 기쁘고 희망적인 사건이었습니다.

　유다 백성들은 듣도 보도 못한 메뚜기 재앙을 거듭해서 겪었을 뿐 아니라 기근과 가뭄과 들불에 모든 것을 빼앗겼고 바벨론 군대의 발 밑에 짓밟혔습니다. 예루살렘은 무너졌고 수많은 이들이 포로로 잡혀갔습니다. 그 후로도 무려 400년 동안 하나님의 말씀을 듣지 못한 채 가난하고 병들고 귀신들리고 압제받으면서 살았습니다. 그런데 성령의 부으심은 이 모든 설움과 눈물과 고통을 다 갚고도 남을 만한 축복을 가져다주었습니다.

　가장 놀라운 하나님의 은혜를 체험하게 될 때가 언제입니까? 이처럼 기다리게 하실 때입니다. 하나님께서는 은혜를 주실 때 그냥 주시지 않습니다. 그냥 주시면 그 은혜가 얼마나 귀한 것인지 모르고 넘어가기 때문입니다. 사업이 잘될 때 성령이 임하시면 사업이 잘되어서 기쁜 것인지 성령이 임하셔서 기쁜 것인지 구분이 안 됩니다. 사람들의 인정을 받을 때 성령이 임하시면 사람들이 인정해 주어서 기쁜 것인지 성령이 임하셔서 기쁜 것인지 구분이 안 됩니다. 그래서 하나님께서는 가장 좋은 것을 주시기 전에 우리를 충분히 낮추어 놓으십니다. 사업에 실패한 후 재기하지 못한 상태로 몇 달, 몇 년씩 기다리게도 하시고, 건강했던 몸이 갑자기 병들어 오랫동안 고생하게도 하시며, 몇 년씩 취직이 되지 않아서 사람들 앞에 낯을 들지 못하게 만들기도 하십니다. 그때 우리는 자신의 참모습을 보게 됩니다. "내가 꽤 잘난 사람인 줄 알았는데 사실은 그렇지 않구나. 마음만 먹으면 못 할 일이 없을 줄 알았는데 사실은 그렇지 않구나. 나는 아무것도 아닌 존재구나" 하고 깨닫는 것입니다.

그런데 어느 순간부터 하나님께서 은혜를 퍼부어 주시기 시작합니다. 하늘의 영광을 쏟아 주시기 시작합니다. 이 땅에서 하나님 나라를 경험하게 만드십니다. 진짜 하나님을 만나게 하십니다. 그때 나오는 고백이 무엇입니까? "몇 년 동안 병자로 빌빌거리고, 몇 년 동안 사업에 실패해서 괴로워하던 그 모든 고통을 합친 것보다 하나님을 만난 이 기쁨이 훨씬 더 크다!"라는 것입니다. 하나님을 만나기 전에는 이 세상 학문이나 돈이나 명예가 귀중한 줄 알고 그것을 붙들기 위해 몸부림을 쳤습니다. 그런데 하나님을 만나고 보니 그것들은 전부 유리조각에 불과하더라는 것입니다. 모든 귀중한 것은 하나님 안에 다 있더라는 것입니다. 지금까지 잃어버린 그 모든 세월, 빼앗겼던 그 모든 세상 것들을 합친 것보다 하나님이 훨씬 더 크시더라는 것입니다.

하나님께서 우리를 힘들게 만드시는 데에는 이유가 있습니다. 하나님께서는 "너는 지금 다른 데서 답을 찾고 있다"고 하십니다. 그래서 우리가 답이라고 생각했던 것들을 전부 빼앗아 가시고, 오직 하나님만 기다릴 수밖에 없는 처지로 만드십니다. 그러고 나서 우리를 만나 주십니다. 모든 답이 그분 안에 있음을 보여 주시고, 감격과 기쁨으로 찬양하게 하십니다.

요엘 당시에 유다는 세계에서 유일한 교회였습니다. 그런데 그 유일한 교회가 하나님의 영광으로 충만해지지 않고 세상을 따라갔을 때, 하나님께서는 세상적인 모든 자랑과 영화를 빼앗아 가셨습니다. 예루살렘 성전을 폐허로 만드시고 무려 400년 동안 성령의 부으심만을 기다리게 하셨습니다. 교회는 바로 그 성령의 부으심을 위해 존재한다는 것을 깨닫게 하시기 위해서였습니다.

성령의 부으심

그렇다면 만민에게 성령을 부어 주신다는 것이 대체 무슨 뜻일 까요? "그 후에 내가 내 신을 만민에게 부어 주리니 너희 자녀들 이 장래 일을 말할 것이며 너희 늙은이는 꿈을 꾸며 너희 젊은이 는 이상을 볼 것이며"(2:28).

여기에서 하나님의 신을 부어 주신다는 것은 그분의 신성을 우 리 안에 넘치도록 채워 주신다는 뜻입니다. 구약 시대에는 예외적 으로 한두 사람에게만 이런 일이 일어났습니다. 가장 대표적으로 성령의 부으심을 받은 사람들은 선지자들이었습니다. 그들은 성령 의 부으심을 통해 예언의 말씀을 받았습니다. 그러나 선지자라 해 도 항상 말씀이 임했던 것은 아니었으며, 자신들에게 임한 예언의 뜻을 다 이해했던 것도 아니었습니다. 선지자 외에 성령의 부으심 을 받았던 이들은 나실인들이었습니다. 그들은 성령의 능력으로 원수들을 쳐부수고 이스라엘을 위기에서 구원했습니다. 그러나 이 들 또한 지속적으로 부으심을 받았던 것은 아니었습니다. 예를 들 어 삼손 같은 사람은 하나님의 신이 떠났는데도 그것을 모르고 있 다가 블레셋 사람들에게 잡혀 머리털이 밀리고 눈알이 뽑히는 비 극을 경험하기도 했습니다.

이처럼 구약 시대에는 선지자나 나실인 같은 아주 특별한 사람 들에게만 예외적으로 하나님의 신이 부어졌을 뿐, 일반인들은 하 나님의 신을 경험할 수 없었습니다. 특히 이방인들에게 하나님의 신이 부어진다는 것은 상상조차 할 수 없는 일이었습니다.

그러나 하나님께서는 여기에서 놀라운 약속을 하고 계십니다. 어떤 복된 시대가 올 텐데, 그때가 오면 선지자나 나실인이나 남자나 여자나 이스라엘 사람들이나 이방인이나 할 것 없이 만민에게 하나님의 신을 넘치도록 부어 주시겠다는 것입니다. 그 복된 시대가 언제입니까? 신약 시대입니다. 바로 지금 이 시대입니다.

오순절 사건은 교회가 집단적으로 성령의 부으심을 받은 사건이었습니다. 이것은 위대한 성령의 시대가 도래했음을 알리는 사건이었기 때문에, 눈으로 볼 수 있고 귀로 들을 수 있는 방식으로 성령이 임하셨습니다. 성령의 부으심은 그 후에도 여러 차례 반복되었습니다. 예루살렘에서도 몇 번 성령의 부으심이 있었고, 갈라디아 교회에도 성령의 부으심이 있었습니다. 종교개혁 시대에도 성령의 부으심이 있었고, 청교도 시대에도 성령의 부으심이 있었으며, 그로부터 100년 후에 찾아온 부흥의 시대에도 성령의 부으심이 있었습니다.

성령은 도대체 어떤 분입니까? 성령이 부어지면 도대체 어떤 일이 일어납니까? 우리가 보통 '영'이라고 말할 때는 '정신'을 의미할 때가 많습니다. 사람의 영은 몸과 분리될 수 없으며 한 번 분리되면 그것으로 끝입니다. 가끔 죽지 않아도 영과 몸이 분리될 수 있는 것처럼 묘사하는 소설이나 영화가 나오기도 하지만, 그것은 상상력의 소산일 뿐입니다. 그러나 하나님의 영은 얼마든지 하나님을 떠나 우리에게 임하실 수 있습니다. 더욱 놀라운 것은, 성경이 하나님의 영을 독립된 인격을 가진 분으로 묘사하고 있다는 점입니다. 성령이 정말 인격이시라면 어떻게 부어질 수 있다는 말입니까? 성령은 인격이심에도 불구하고 마치 물처럼 우리에게 부어질 수 있으며 우리를 충만히 채우실 수 있습니다. 이것이 성령의 놀라운 점입니다.

구약 시대에는 모든 인간이 법적인 죄인이었기 때문에 성령이 부어질 수 없었습니다. 그러나 예수님께서 십자가에 못박혀 죽으심으로써 그를 믿는 사람은 누구나 법적인 의인이 되었습니다. 하나님께서는 그리스도를 통해 실제로는 의인이 아닌 우리를 의인으로 인정하시고, 성령을 물처럼 부어 주셔서 우리 한 사람 한 사람 안에 하나님의 신성이 넘쳐나게 하셨습니다. 몸은 인간이지만 그 안에는 하나님의 능력이 거하게 하신 것입니다. 그래서 바울은 우리를 가리켜 '하나님의 성령이 거하시는 성전'이라고 했습니다.

하나님의 신이 우리 안에 부어지면 어떤 일이 일어납니까? 성령이 임하시면 자신의 죄에 민감해지면서 굉장히 애통해하는 마음이 일어납니다. 전에는 죄라고 생각하지 않았는데, 이제는 그것이 얼마나 가증스럽게 느껴지는지 내가 아직도 살아 있다는 것이 고통스러울 정도입니다. 그리고 그 죄들을 토하지 않을 때 견딜 수 없는 두려움에 사로잡히게 됩니다. 과거에 부흥의 역사가 일어났던 시대에는 자기 죄를 너무나 괴로워한 나머지 실신하는 사람들이 많았습니다. 조지 휫필드나 존 웨슬리가 설교했을 때, 사람들은 괴로움을 못 이긴 나머지 마구 쓰러졌습니다. 그러나 죄를 토해 낸 후에는 큰 기쁨이 찾아왔습니다. 예배가 끝났는데도 집으로 돌아가는 사람이 없었습니다. 좀 더 기도하고 싶었고 좀 더 하나님과 교제하고 싶었기 때문입니다. 죄를 토하고 난 후에는 그 어두운 밤이 조금도 무섭지 않았습니다. 그 살벌한 들판이 한없이 아름답게 보였습니다.

바울은 성령이 임하시면 하나님을 '아바 아버지'라고 부르게 된다고 말했습니다. 어떤 학자는 이 말을 새가 우짖을 때 내는 소리라고 설명합니다. 예를 들어 아버지와 헤어져 살던 아이들이 버스를 타고 가다가 우연히 길을 걸어가는 아버지를 보았다고 합시다. 저마다 창문을 열어젖히고 마치 새들이 "째액! 째액!" 우짖듯이 "아빠, 아빠!" 목이 터져라 부르지 않겠습니까? 성령이 임하시면 바로 이런 일이 일어난다는 것입니다. 다시는 아버지를 놓치지 않으려고 결사적으로 부르짖게 된다는 것입니다.

이 같은 성령의 부으심은 교회적으로도 여러 번 일어날 수 있고, 개인적으로도 여러 번 일어날 수 있습니다. 청교도들은 처음 예수 믿을 때 한 번 이런 일이 일어난다고 말합니다. 물론 그들이 말하는 것과 같은 굉장한 회개의 역사는 처음에 한 번 일어납니다. 그러나 성령은 그 후에도 반복적으로 부어질 수 있습니다. 외로울 때, 고통 가운데 있을 때, 병들었을 때 부어질 수 있습니다. 때로는 임종을 앞두고 있는 상황에서 성령이 부어짐으로써 마치 누워 있는 사람과 하늘의 천사들이 함께 있는 것 같은 장면을 보게 되기도 합니다. 이것은 하나님께서 성도들을 위로하시는 특별한 방식입니다. 이처럼 성령이 부어져서 하늘의 영광이 우리를 덮어씌우는 순간이 얼마나 기쁘고 좋은지, 사람들에게 받은 상처나 세상에서 겪은 온갖 어려움은 눈처럼 녹아 사라져 버립니다. "세상과 나는 간 곳 없고 구속한 주만 보이도다!"

교회는 성령으로 충만한 것이 정상입니다. 누구든지 교회에 나와 예배드리기만 하면 회복되고 변화되는 것이 정상입니다. 그러나 우리가 자기 욕심을 따라가고 세상을 따라갈 때, 말씀의 소중함을 잊고 그 끈을 놓쳐 버릴 때, 하나님께서는 일시적으로 성령을 거두어 가십니다. 그러면 예수 믿는 것이 참 피곤해집니다. 서로 간에 다툼이 생기고 분열이 생깁니다. 교회가 세상에서 빛의 역할을 하지 못하고, 맛을 잃은 소금처럼 사람들에게 무시를 당합니다. 교회가 영광을 잃으면 얼마나 비참해지는지 모릅니다. 그러나 어느 한순간 "교회는 이런 곳이 아닌데, 교회는 영광스러워야 하는데, 우리가 말씀의 소중함을 몰라서 그 은혜와 영광을 잃어버렸구나! 우리 다함께 돌아가자! 결사적으로 그 영광을 되찾자!" 하는 공감대가 형성되고 온 교인이 새 떼처럼 울부짖으면서 "아바 아버지!"를 소리 높여 부를 때, 교회가 다시 뜨거워지기 시작합니다. 말씀이 다시 역사하기 시작합니다. 그간의 모든 응어리가 풀리고 병이 나으며 사람들이 변화되는 일이 일어나기 시작합니다.

이렇게 성령이 부어지는 역사가 일어나면 삶에 대한 자신감이 생기고 소망이 생깁니다. 전에는 삶의 의욕이 없었습니다. 그런데 성령이 부어지면 아골 골짜기라도 갈 수 있다는 담대함이 생깁니다. 말로 다 할 수 없는 기쁨이 생깁니다. 기쁨 없이 교회 다니는 것은 굶는 것과 같습니다. 6개월 동안 억지로 교회에 다녔습니까? 그러면 6개월 굶은 것입니다. 2년 동안 기쁨 없이 다녔습니까? 그러면 2년 굶은 것입니다. 그런 사람들에게는 반드시 병이 있습니다. 그리고 병원에 가서 진단하면 대개 '신경성'이라고 나옵니다. 사실 그렇게 굶고도 병이 안 나면 이상한 것입니다. 그 병은 다시 하나님의 말씀을 듣고 뜨거운 눈물을 흘릴 때 낫게 되어 있습니다. 불면증이 어디 있습니까? 성경만 펴면 잠이 옵니다. 소화불량이 어디 있습니까? 주는 사람이 없어서 문제지 먹는 즉시 절로 소화가 되어 버립니다.

오늘날 가장 무서운 것은 하나님께서 성령을 거두셨는데도 그 것을 깨닫지 못한 채 신앙생활 하는 것입니다. 교회 안에 병도 많고 미신도 많고 두려움도 많음에도 불구하고 그 이유를 모른 채 신앙생활 하는 것입니다. 그러나 '우리가 누려야 할 영광과 축복이 있는데 그것을 잃어버린 것이 문제구나' 하는 것을 깨닫고 하나님께 부르짖으면 어떻게 됩니까? 다시 한 번 성령을 부어 주셔서 그 영광을 되찾게 해 주십니다.

요엘의 예언

"그 후에 내가 내 신을 만민에게 부어 주리니 너희 자녀들이 장래 일을 말할 것이며 너희 늙은이는 꿈을 꾸며 너희 젊은이는 이상을 볼 것이며"라는 28절 말씀을 사도 베드로는 다음과 같이 표현했습니다. "하나님이 가라사대 '말세에 내가 내 영으로 모든 육체에게 부어 주리니 너희의 자녀들은 예언할 것이요 너희의 젊은이들은 환상을 보고 너희의 늙은이들은 꿈을 꾸리라'"(행 2:17).

요엘이 "그 후에"라고 말한 것을 베드로는 "말세에"라고 바꾸어 말하고 있습니다. 이것은 설교적인 인용입니다. 즉 직역하지 않고 해석하여 인용했다는 뜻입니다. '말세'란 그리스도가 오셔서 십자가에 못박히신 후부터 다시 오실 때까지의 기간 전체를 가리키는 말입니다. 다시 말해서 말세는 곧 교회 시대입니다. 우리는 말세에 살고 있습니다. 부르짖기만 하면 하나님의 신을 퍼부어 주실 것이 약속된 시대, 하늘에 있는 모든 천사들과 권능들이 우리 한 사람 한 사람의 기도에 의해 움직이는 시대, 교회에 모든 능력과 역사가 맡겨진 시대에 살고 있는 것입니다. 말세는 두려운 시대가 아닙니다. 하나님 나라의 모든 것이 우리에 의해 좌우되는 시대입니다.

하나님께서는 "모든 육체에게" 성령을 부어 주신다고 약속하셨습니다. 이것은 세상에 사는 모든 사람을 뜻하는 말이 아니라 예수 믿는 모든 사람을 뜻하는 말입니다. "누구든지 여호와의 이름을 부르는 자는 구원을 얻으리니"(2:32 상)라는 것은 신약 교회의 표어였습니다. 성령의 시대에는 누구든지 예수의 이름을 부르기만 하면 죄의 사슬에서 풀려나 하나님의 자녀로 구원받게 하시겠다는 것이 하나님의 약속입니다.

29절에서는 또 무엇이라고 말씀하고 있습니까? "그때에 내가 또 내 신으로 남종과 여종에게 부어 줄 것이며." "남종과 여종"은 유대인 가운데서 종의 신분으로 살고 있던 이방인들을 가리키는 말입니다. 하나님께서는 구약의 존귀한 선지자들과 나실인들에게만 주시던 하나님의 신을 이방인 종들에게도 부어, 선지자와 나실인으로서 악한 마귀의 세력과 싸우게 하시겠다고 말씀하십니다.

이처럼 하나님의 성령이 부어질 때 나타나는 현상이 무엇입니까? "너희 자녀들이 장래 일을 말할 것이며 너희 늙은이는 꿈을 꾸며 너희 젊은이는 이상을 볼 것이며"(2:28 하). 성령이 부어지면 질병이 치료되고 가난의 문제가 해결되고 억압이 풀립니다. 그러나 무엇보다 중요한 것은 예언의 말씀과 관련해서 폭발적인 역사가 일어난다는 것입니다.

구약 시대에는 선지자들이 꿈이나 환상을 통해서 하나님의 말씀을 받았고 장래 일을 이야기했습니다. 그렇다고 해서 이 말씀이 곧 모든 성도들이 선지자가 된다는 뜻은 아닙니다. 모든 성도들이 설교자가 된다는 뜻도, 모든 성도들이 사도들처럼 성경을 기록하게 된다는 뜻도 아닙니다. 이것은 하나님의 성령이 부어지는 축복의 때가 오면, 모든 성도들에게 하나님의 진리에 대한 놀라운 깨달음과 지각이 생긴다는 뜻입니다. 이성으로 도저히 믿어지지 않던 것들이 믿어지기 시작합니다. 나에 대한 하나님의 사랑과 뜻이 깨달아지기 시작합니다. 신약 교회에 성령이 부어졌을 때 나타난 현상도 진리에 대한 놀라운 깨달음이었습니다. 지금 하나님의 말씀이 깨달아지고 있습니까? 그렇다면 성령의 가장 중요한 역사가 일어나고 있는 것입니다.

사람들은 무지의 사슬에 매여 있습니다. 깨닫지 못하기 때문에 과거에 매인 채 살고 있고, 깨닫지 못하기 때문에 미신에 종노릇 하면서 살고 있습니다. 오늘도 많은 사람들은 죄를 먹고 마시면서 그것이 즐거움인 줄 알고 있습니다. 마약을 하면서, 술을 마시면서, 음란한 짓을 하면서 그것이 즐거움인 줄 알고 있습니다. 사람들은 미신을 믿으면 불안이 줄어든다고 생각하지만, 사실은 불안이 점점 더 커져서 나중에는 숟가락 하나 자기 마음대로 들지 못할 지경이 되어 버립니다.

빛이 없이 어두운 곳에서는 온갖 상상을 다 하면서 두려워할 수밖에 없습니다. 그러나 진리의 빛이 비치면 아무것도 두려워할 필요가 없습니다. 오늘날 많은 사람들이 미래를 두려워하며 살고 있습니다. 그러나 말씀이 한번 역사하면 아무것도 두려워할 필요가 없습니다. 아버지 되신 하나님께서 나의 미래를 주장하고 계시는데 무엇이 두렵겠습니까?

깨닫지 못하는 사람은 사탄의 노예입니다. 아무리 학식이 많고 재산이 많아도 사탄의 노예입니다. 그런 사람은 자신도 모르는 사이에 하나님을 대적하면서 살게 되어 있습니다. 그러나 한번 깨달은 사람은 어느 누구도 속일 수 없습니다. 그는 자기 양심에 옳다고 생각하는 바대로 살 수 있습니다. 하나님께서 원하시는 사람은 수십만 명의 노예가 아닙니다. 딱 한 명의 자유인입니다. 사람들의 비난을 두려워하지 않고 사람들의 조롱을 겁내지 않으며 자기 양심이 진리라고 증거하는 바에 따라 살 수 있는 용기를 가진 자유인 한 명이 역사를 뒤집어엎습니다.

진리의 빛이 비치면 우리를 얽어매고 있던 운명의 사슬이 끊겨 나갑니다. 운명이라는 것이 어디 있습니까? 손금 같은 걸 왜 봅니까? 손금은 감자 깎을 때 미끄러지지 말라고 있는 것이지, 운명을 점치라고 있는 것이 아닙니다. 진리의 빛이 비치면 이런 미신적인 생각들, 운명에 대한 두려움, 불필요한 죄책감이 다 사라집니다. 젊은이들이 환한 빛 가운데 걸어갑니다. 아저씨, 아주머니들이 환한 빛 가운데 걸어갑니다. 할머니, 할아버지들이 환한 빛 가운데 걸어갑니다. 그들의 걸음을 아무도 막을 수 없습니다. "진리를 알지니 진리가 너희를 자유케 하리라!"(요 8:32)

오늘날 사람들이 얼마나 매여 있는지 모릅니다. 먹고사는 일에 매여 있고 사람들의 평가에 매여 있습니다. 남들이 조롱할까 봐 아무것도 못 하고, 남들의 조건에 맞는 사람이 되기 위해 몸부림을 칩니다. 가족의 기대에 매여 있고 자기 야망에 매여 있습니다. 과거에 저지른 일의 죄책감에 매여 있습니다. 사람들은 이처럼 수많은 사슬에 매여 살아가고 있습니다. 그러나 하나님의 말씀이 선포되면 어떻게 됩니까? 이 모든 사슬들이 끊겨 나갑니다. 그렇게 자유로울 수가 없습니다. 그렇게 편할 수가 없습니다.

지금까지 우리가 어떻게 살아왔습니까? 과거에 매여 살아오지 않았습니까? 이 소중한 인생을 남을 원망하면서, 불평하면서 살아오지 않았습니까? 그러나 여러분, 지금 우리는 놀라운 시대에 살고 있습니다. 예수의 이름을 부르기만 하면 그 모든 사슬이 끊겨 나가는 성령의 시대에 살고 있습니다.

오늘 우리에게 필요한 것은 환한 빛, 더 환한 빛입니다. 풍성한 물질이 우리를 바꾸지 못합니다. 사람들의 인정이 우리를 바꾸지 못합니다. 나의 삶 구석구석에 더 환한 진리가 비춰서 모든 죄된 것을 몰아낼 때, 그 어떤 것도 다시는 우리를 괴롭히지 못할 것이며 다시는 우리를 두렵게 하지 못할 것입니다.

요엘은 두번째 출애굽을 예언하고 있습니다. "내가 이적을 하늘과 땅에 베풀리니 곧 피와 불과 연기기둥이라. 여호와의 크고 두려운 날이 이르기 전에 해가 어두워지고 달이 핏빛같이 변하려니와"(2:30-31). "피와 불과 연기기둥"은 출애굽의 대표적인 상징입니다. 하나님께서는 유월절 어린양의 피로 그 백성을 구원하시고 불 기둥과 구름 기둥으로 그들을 인도하셨습니다. 이것은 십자가의 상징입니다. 예수 그리스도의 십자가는 죄를 씻어 내고 태우는 피요 불이요 연기 기둥입니다. 성령이 임하실 때 이 두 번째 출애굽의 역사가 일어날 것입니다. 그때는 바로의 세력에 매여 있던 자들이 가나안으로 탈출하는 것이 아니라, 무지와 미신과 죄의 세력에 매여 있던 자들이 하나님께로 탈출할 것입니다.

"누구든지 여호와의 이름을 부르는 자는 구원을 얻으리니!" 예수의 이름을 부른다는 것은 주저앉아 있던 자리를 박차고 일어나는 것입니다. 예수님이 부르신다는 말을 듣고 벌떡 일어나 달려갔던 바디매오처럼, 자기에게 찾아온 구원의 기회를 붙들기 위해 자리를 박차고 일어나 예수님을 향해 달려가는 것입니다.

하나님께서는 사랑하는 자가 자리에 주저앉아 있도록 내버려두지 않으십니다. 어떻게 해서든지 그 자리를 박차고 일어나게 하십니다. 과거에 매여 있지 못하게 하십니다. 사람에게 매여 있지 못하게 하십니다. 예수의 이름을 부르면서 달려가게 하십니다. 그를 잡아매고 있는 모든 사슬을 끊으시고 새사람으로 창조하십니다.

"누구든지 여호와의 이름을 부르는 자는 구원을 얻으리니 이는 나 여호와의 말대로 시온 산과 예루살렘에서 피할 자가 있을 것임이요 남은 자 중에 나 여호와의 부름을 받을 자가 있을 것임이니라"(2:32). 오늘 이곳이 시온입니다. 이곳이 예루살렘입니다. 이곳에 피하는 자는 결코 수치와 욕을 당치 않을 것입니다.

사랑하는 성도 여러분, 주저앉아 있는 자리에서 일어나십시오. 여호와의 이름을 부르면서 부르짖으십시오. 그러면 이 기적의 역사, 출애굽의 역사, 피와 불과 연기 기둥의 놀라운 역사가 우리 모두에게 나타날 것입니다.

6

하나님의 심판

요엘 3:1-8

^{3:1} "그날 곧 내가 유다와 예루살렘의 사로잡힌 자를 돌아오게 할 그때에
² 내가 만국을 모아 데리고 여호사밧 골짜기에 내려가서 내 백성 곧
내 기업 된 이스라엘을 위하여 거기서 그들을 국문하리니
이는 그들이 이스라엘을 열국 중에 흩고 나의 땅을 나누었음이며
³ 또 제비 뽑아 내 백성을 취하고 동남으로 기생을 바꾸며
동녀로 술을 바꾸어 마셨음이니라.
⁴ 두로와 시돈과 블레셋 사방아, 너희가 나와 무슨 상관이 있느냐?
너희가 내게 보복하겠느냐? 만일 내게 보복하면 너희의 보복하는 것을
내가 속속히 너희 머리에 돌리리니
⁵ 곧 너희가 내 은과 금을 취하고 나의 진기한 보물을 너희 신궁으로
가져갔으며
⁶ 또 유다 자손과 예루살렘 자손들을 헬라 족속에게 팔아서 본 지경에서
멀리 떠나게 하였음이니라.
⁷ 보라, 내가 그들을 너희가 팔아 이르게 한 곳에서 일으켜 나오게 하고
너희의 행한 것을 너희 머리에 돌려서
⁸ 너희 자녀를 유다 자손의 손에 팔리니 그들은 다시 먼 나라
스바 사람에게 팔리라. 나 여호와가 말하였느니라."

3:1-8

교도소에 가 보면 처음부터 나쁜 마음으로 남의 돈을 훔치거나 횡령해서 들어온 사람들도 있지만, 자기 나름대로 열심히 살려고 노력했음에도 불구하고 거래 기업이 도산하는 바람에 연쇄적으로 도산하게 되면서 억울하게 들어온 사람들도 있습니다. 또 병원에 가 보면 병이 날 수밖에 없을 정도로 자기 몸을 혹사하다가 들어온 사람들도 있지만, 자기 나름대로 신앙생활 잘하면서 열심히 살려고 애를 썼음에도 불구하고 큰 병이 들어 수술을 앞두고 있는 사람들도 있습니다. 우리는 이 두 가지 경우를 구별해서 보아야 합니다. 본인이 잘못해서 실패하고 병드는 경우도 많지만, 하나님이 그를 만나 주시기 위해, 좀 더 깨닫게 하시기 위해 연단하시고 어려움을 주시는 경우도 많기 때문입니다. 후자의 경우에 우리는 그 고통을 소중히 여기는 눈으로 바라보아야 합니다.

하나님께서 유다 백성들을 쳐서 예루살렘을 멸망시키셨을 때 아주 기뻐하고 좋아한 사람들이 있었습니다. 그들은 두로와 시돈 사람들이었습니다. 두로와 시돈 사람들은 평소에도 유다를 시기하고 질투했습니다. 그러다가 유다가 망해서 노예로 끌려가게 되자 너무나 좋아하면서 심한 심적 고통을 더 얹어 주었습니다. 예를 들어 그들은 유다 백성들을 노예로 팔 때에도 일부러 가족들을 갈라서 팔았습니다. 아버지는 저 나라로, 어머니는 이 나라로, 아이들은 또 다른 나라로 각기 따로 팔았습니다.

옛날에 작은 나라들은 큰 나라의 종주국으로 사는 경우가 많았습니다. 작은 나라 왕은 큰 나라 왕의 신하였습니다. 작은 나라 왕이 큰 나라 왕을 반역할 시에는 큰 나라 왕이 군대를 끌고 와 언약을 어긴 왕과 신하들을 죽이고 백성들을 심문했습니다. 작은 나라 왕의 편을 들어서 반역했던 사람들은 모두 적발되어 심판받고 죽임을 당했습니다.

이스라엘과 유다 왕은 작은 나라 왕이었습니다. 큰 나라 왕은 바로 여호와 하나님이셨습니다. 이스라엘과 유다 왕은 하나님의 뜻에 복종해야 했습니다. 그런데 그들이 하나님께 반역하여 자기 멋대로 통치했을 때, 하나님께서는 그 왕들을 심판하시고 백성들을 노예로 팔려 가게 하셨습니다. 오늘 우리가 요엘서에서 보게 되는 것은 유다의 지도자들이 큰 왕이신 하나님의 말씀대로 나라를 다스리지 않는 바람에 백성들이 노예로 팔려 가는 장면입니다.

그래서 지도자가 중요합니다. 지도자가 하나님의 말씀을 우습게 알면, 밑에 있는 사람이 아무리 바르게 살고 싶어도 바르게 살기 어렵습니다. 잘못된 지도자가 들어서는 것 자체가 심판의 시작이요 고통의 시작입니다. 우리나라도 잘못된 정권이 들어섰을 때 얼마나 많은 피를 흘려야 했습니까? 유다와 이스라엘의 지도자들이 하나님의 말씀에 순종하지 않았을 때, 그 밑에 있는 백성들은 아무리 잘 믿고 싶어도 잘 믿을 수가 없었습니다. 백성들이 지도자를 바로잡는다는 것은 굉장히 어려운 일입니다. 지도자는 말 한마디로 온 나라를 바로잡을 수 있어도, 밑에 있는 백성들은 말 한마디로 지도자를 바로잡을 수가 없습니다.

결국 유다는 멸망하고 백성들은 전부 포로로 잡혀 갑니다. 그래도 하나님께서는 포로로 잡혀 가는 그 백성들을 사랑하셨습니다. 한편으로는 그들을 치셨지만, 다른 한편으로는 그들을 사랑하셔서 이방 족속들이 그들을 잘 대접해 주기를 바라셨습니다.

'쉰들러 리스트'라는 영화를 보면 나치에 잡힌 유대인들이 기차에 가득 실려 수용소로 수송되는 장면이 나옵니다. 그런데 날씨가 더워서 괴로워하는 유대인들을 본 쉰들러가 고무호스로 기차 위에 물을 뿌려 줍니다. 유대인들은 기차 틈새로 흘러내리는 물로 타는 목을 적실 수 있었습니다. 이처럼 잡혀 가는 것까지 막지는 못한다 해도 잡혀 가는 사람들에게 작은 은혜를 베풀고 약간의 사랑을 보여 주는 사람을 하나님께서는 절대로 잊지 않으십니다.

하나님께서는 자기 백성들이 잘못했을 때 때리십니다. 그런데 하나님께서 때리신다고 해서 옆에 있던 사람들까지 덩달아 때려서는 안 됩니다. 하나님께서는 "나는 때리더라도 너희는 좀 잘 대해 줘라. 목말라서 괴로워하거든 물이라도 떠 주고, 그릇에 떠 줄 수 없으면 호스로라도 뿌려 줘라. 그 은혜는 내가 절대로 잊지 않겠다"고 말씀하십니다.

오늘 본문에서 하나님께서는 유다 백성들을 돌이키실 때 온 백성들을 모아 놓고 여호사밧 골짜기에서 심판하겠다고 말씀하십니다. 그때 하나님께서 심판하시는 기준이 무엇입니까? 노예로 팔려 간 유대인들을 어떻게 대했느냐 하는 것입니다. 그들에게 물 한 그릇이라도 준 사람들은 상을 얻을 것입니다. 그러나 그들의 눈에서 피눈물을 빼내려고 일부러 부모와 자식을 갈라 판 사람들은 절대 용서받지 못할 것입니다. 하나님께서는 고통당하는 성도들을 하나님 자신과 일치시키십니다. 고통당하는 성도들과 자신을 동일시하시고, 소자에게 베푼 행위를 자신에게 베푼 행위와 똑같이 여기십니다.

예수님께서는 마지막 심판 때 온 세상 사람들을 모아 양과 염소로 나눌 것이라고 말씀하셨습니다. 고통당하는 성도들을 찾아가 주고 위로해 주고 조금이라도 어려움을 덜어 주었던 양들은 영생을 얻을 것입니다. 그러나 그들을 무시하고 업신여기며 그렇지 않아도 아픈 마음을 더 아프게 만들었던 염소들은 영원한 지옥의 형벌을 받을 것입니다.

눈을 높은 데 두어서는 안 됩니다. 남의 성공사례에만 관심을 갖고 눈길을 주는 자들은 실패할 것입니다. 하나님을 믿기 때문에 고통당하는 사람들, 하나님이 더 거룩하게 만드시려고 어려움 가운데 두신 사람들에게 눈길을 주고, 그들의 고통을 소중히 여기며, 그 고통을 조금이라도 덜어 주고자 애쓰는 자들을 하나님은 기뻐하십니다. 그런 사람들이 구질구질하게 보이고 상대하기 싫은 부류로 보입니까? 그들을 업신여기는 마음이 듭니까? 그렇다면 굉장히 위험한 자리에 있는 것입니다.

여호사밧 골짜기의 심판

하나님께서는 지금 유다 백성들이 망해서 전 세계에 노예로 잡혀 가지만 이것이 끝은 아니라고 말씀하십니다. 그들이 노예 상태에서 회복될 때가 반드시 올 것입니다. 그러나 단지 유다 백성만 돌아오는 것으로 끝나지 않을 것입니다. 이 세상 백성들도 모두 하나님 앞에 불려가 심판을 받게 될 것입니다. 그것이 바로 여호사밧 골짜기의 심판입니다. "그날 곧 내가 유다와 예루살렘의 사로잡힌 자를 돌아오게 할 그때에 내가 만국을 모아 데리고 여호사밧 골짜기에 내려가서 내 백성 곧 내 기업 된 이스라엘을 위하여 거기서 그들을 국문하리니 이는 그들이 이스라엘을 열국 중에 흩고 나의 땅을 나누었음이며"(3:1-2).

여기에서 강조되는 것은 "그날"과 "그때"입니다. "그날"이란 유다 백성들의 포로 기간이 끝나 다시 돌아오게 되는 날입니다. 하나님의 백성은 완전히 망하는 법이 없습니다. 지금은 시련이 끝없이 계속되는 것처럼 보여도 그들을 찾아올 "그날", "그때"가 반드시 있습니다. 설사 하나님께서 그들을 회복 불가능한 시련 가운데 던지시고 전혀 돌아보시지 않는 것 같은 시절이 있다 해도 그것이 끝은 아닙니다. 하나님께서 그들을 기억하시는 "그날", "그때"가 오면 잃었던 모든 것이 회복될 것입니다.

그런데 하나님께서 그 택한 백성들을 회복시키실 때는 단지 그들만 회복시키시는 것이 아니라 다른 민족들을 전부 여호사밧 골짜기로 불러 모아 심문하고 심판하겠다고 하십니다. 무슨 기준으로 심판하십니까? 고통받는 하나님의 백성들을 도와주었는지 괴롭혔는지 여부로 심판하십니다.

보통 전쟁이 끝나면 그때부터 무시무시한 보복이 일어나게 되어 있습니다. 옛날에 큰 나라들은 반역한 작은 나라를 쳐서 평정한 후에, 전 백성을 골짜기로 끌고 가 일일이 심문하여 죽였습니다. 그런데 유다가 회복될 때에도 이런 일이 일어난다는 것입니다.

오늘 말씀에서 중요한 점은 "여호사밧 골짜기"가 대체 어디냐 하는 것입니다. 이스라엘 땅 어디에도 여호사밧 골짜기라는 데는 없습니다. 그렇다면 온 세상을 심판할 여호사밧 골짜기는 대체 어디입니까?

두 가지 해석이 가능합니다. 한 가지는 '여호사밧'의 히브리어 의미에 주목하는 것입니다. '여호사밧'은 '여호와의 심판'이라는 뜻입니다. 다시 말해서 이 세상 끝날에 반드시 온 세상 사람들을 심판하신다는 의미로 이렇게 말씀하셨다고 생각하는 것입니다.

또 한 가지는 '여호사밧'이라는 인물에 주목하는 것입니다. 유다에는 '여호사밧'이라는 이름을 가진 왕이 있었습니다. 그는 의롭고 정직한 왕으로서 이스라엘 전체의 회복에 많은 열정을 가지고 있었습니다. 그러나 북쪽 이스라엘의 악한 왕 아합을 지나치게 가까이하는 치명적인 실수를 저질렀습니다. 이스라엘의 회복도 좋지만, 신학적인 입장을 고려하지 않은 채 무조건 하나 되려 한 것은 위험한 짓이었습니다. 그는 아합과 이세벨의 딸 아달랴를 며느리로 받아들입니다. 그리고 아달랴는 나중에 유다를 굉장히 부패시키는 역할을 합니다.

그런데 이 여호사밧이 왕으로 있을 때 많은 고통을 안겨 준 나라가 있었습니다. 그 나라는 바로 모압과 암몬이었습니다. 여호사밧은 그들 때문에 하루도 마음 편할 날이 없었습니다. 어느 날, 드디어 모압과 암몬이 엄청난 군대를 이끌고 유다를 공격해 왔습니다. 그때 여호사밧은 이렇게 기도했습니다. "하나님, 이 유다 땅은 하나님께서 우리에게 주신 땅입니다. 그런데 이방인들이 이 땅을 빼앗으려고 합니다. 과연 누가 옳은지 판단해 주십시오." 그러자 하나님께서는 "이 땅은 내가 너희에게 준 땅이므로 단지 힘이 센

나라라고 해서 빼앗을 수 없다. 너는 직접 싸우지 말고 내가 어떻게 판단하는지 구경만 하라"고 하셨습니다. 여호사밧은 그 약속을 믿고 전투부대 대신 찬양대를 편성했습니다. 그리고 하나님께서는 모압과 암몬을 서로 싸우게 하심으로써 온 들판을 그들의 시체로 가득 채우셨습니다. 그들이 버린 보물들이 너무 많아서 그 전리품을 옮기는 데만 꼬박 사흘이 걸릴 만큼 큰 승리였습니다.

이처럼 세상 사람들이 자기 힘만 믿고 하나님께서 주신 정당한 분깃을 빼앗으려고 할 때, 그분이 친히 그 교만한 자들과 자기 백성들 사이에 판단하시고 자기 백성들의 손을 들어 주신다는 뜻에서 "여호사밧 골짜기"라는 말을 썼다고 보는 것이 두번째 입장입니다.

그런데 저는 이 지명에 담긴 세 번째 의미를 제시하고자 합니다. 사람의 속마음을 드러낸다는 것은 참으로 어려운 일입니다. 그래서 "열 길 물 속은 알아도 한 길 사람 속은 모른다"는 속담도 있지 않습니까? 그런데 사람 속을 가장 잘 드러내 주는 일이 하나 있습니다. 그것은 고난받는 성도를 어떻게 대하느냐 하는 것입니다.

강한 자 앞에서는 누구나 겸손한 척합니다. 그러나 아무 힘 없는 약자들 앞에 서면 속에 있는 교만이 그대로 드러나게 되어 있습니다. 믿음으로 살고자 애를 쓰고 있음에도 불구하고 경제적인 어려움을 당하거나 육체의 질병을 얻은 성도가 있을 때, 하나님을 두려워하는 사람은 그를 절대로 업신여기지 않을 뿐 아니라 오히려 그의 고난을 아주 소중하게 여겨서 말 한마디 함부로 하지 않습니다. 이처럼 하나님을 믿는 약자를 어떻게 대하느냐를 보면 그가 어떤 사람인지 금세 알 수 있습니다.

사람들의 중심은 힘없이 십자가에 못박히신 예수 앞에서 가장 극명하게 드러났습니다. 어떤 이들은 그가 못박히신 것을 보고 박수를 치면서 조롱하고 약올렸습니다. 반면에 어떤 이들은 말할 수 없이 비통해하며 괴로워했습니다. 하나님께서는 십자가 앞에서 전 인류를 두 부류로 나누셨습니다. 한 부류는 그의 죽음을 비웃고 조롱하는 사람들입니다. 또 한 부류는 그의 고통을 귀히 여기는 사람들, 그가 흘리신 피 한 방울 한 방울을 소중히 생각하는 사람들입니다. 하나님은 이 구분에 따라 그들을 심판하실 것입니다. 이것이 "여호사밧 골짜기"에 담긴 세 번째 의미입니다.

구약과 신약의 차이

구약성경의 일관된 메시지는, 이스라엘의 회복과 이방 나라의 심판이 동시에 이루어진다는 것입니다. 포로로 끌려갔던 백성들이 돌아올 때, 온 세상에 대한 하나님의 심판 또한 함께 이루어질 것입니다.

이 메시지 때문에 가장 큰 혼란을 겪었던 사람이 바로 세례 요한이었습니다. 그는 그리스도가 오시면 곧바로 세상을 심판하실 줄 알았습니다. 손에 키를 들고 알곡과 쭉정이를 나누어서 알곡은 곡간에 들이고 쭉정이는 꺼지지 않는 불에 던지실 줄 알았습니다. 그런데 예수님께서 심판하실 생각은 하지도 않고 복음만 계속 전하고 다니시자, 감옥에서 자기 제자들을 보내어 "오실 그이가 당신입니까? 아니면 다른 사람을 기다려야 합니까?" 하고 물었습니다. 그는 위대한 선지자였지만, 역시 구약 시대에 속한 사람이었습니다.

구약 시대 사람들은 앞으로 이루어질 구원을 아주 멀리서 바라보았기 때문에 시각이 제한될 수밖에 없었습니다. 멀리서 보면 나란히 있는 두 개의 산이 하나로 겹쳐 보입니다. 그러나 가까이 가서 보면 하나로 보이던 산이 사실은 두 개일 뿐 아니라 그 사이에 큰 들판까지 있다는 것을 알게 됩니다. 구약 시대 사람들의 눈에는 예수님이 오셔서 그 백성을 구원하시는 일과 최종적으로 온 세상을 심판하시는 일이 동시에 일어나는 것처럼 보였습니다. 그러나 사실 그 사이에는 모든 족속을 복음으로 초청하는 교회의 시대, 복음의 시대라는 큰 들판이 놓여 있습니다. 이 시대는 성령의 시대인 동시에 말씀의 시대입니다. 누구든지 예수의 이름을 부르기만 하면 구원을 얻을 수 있는 은혜의 시대입니다.

하나님께서는 구원의 문을 열자마자 바로 닫으시고 심판해 버리시는 분이 아닙니다. 그는 구원의 문을 활짝 열어 놓고 원하는 자는 누구든지 들어오게 하십니다. 그런데 이 문이 오래 열려 있다 보니 사람들이 여유를 부리면서 들어오려 하지 않고 있습니다. 그러나 문이 갑자기 닫힐 날이 올 것입니다. 그날이 오면 전 우주적인 심판이 이루어질 것입니다.

그런데 구원과 심판이 동시에 이루어진다는 구약의 관점도 완전히 틀린 것은 아닙니다. 구원의 다른 한쪽에는 자동적인 심판이 있기 때문입니다. 물에 빠져 있는 사람들 중에 건짐받지 못하는 사람은 자동적으로 빠져 죽을 것입니다. 구원의 메시지를 긴급하게 전해야 하는 것은 이처럼 구원의 영역 밖에 자동적인 멸망과 심판이 있기 때문입니다. 그들을 구원하지 않고 내버려 두면 자동적으로 멸망해 버릴 것입니다. 그래서 예수님은 "내가 온 것은 세상을 심판하려 함이 아니요 세상을 구원하려 함"(요 12:47)이라고 말씀하셨습니다. 이 세상은 새삼스럽게 정죄가 필요치 않습니다. 이 세상은 이미 정죄 아래 있습니다. 예수님은 그중에 택함받은 자들을 구원하기 위해 오셨습니다.

본문의 "그날"이란 문자적으로 유다 백성들이 포로되어 간 곳에서 돌아오는 날을 의미하지 않습니다. 실제로 그들은 출애굽 때처럼 대대적으로 돌아오지 못했습니다. 바벨론에서 돌아온 백성의 수는 고작해야 몇만 명에 불과했습니다. 이들이 대대적으로 하나님께 돌아온 날은 예루살렘에 유월절을 지키러 왔다가 성령으로 증거하는 베드로의 설교를 듣고 회개한 날입니다. 그들은 지리적으로 이동함으로써 출애굽한 것이 아니라 마음으로 하나님께 돌아옴으로써 출애굽했습니다.

우리가 깨달아야 할 것이 무엇입니까? 바로 오늘이 요엘이 이야기한 바로 "그날"이라는 사실입니다. 누구든지 주의 이름을 부르면 구원을 얻을 것입니다. 지금은 위대한 탈출의 시기입니다. 이때 우리가 해야 할 일은 우리를 잡아매고 있는 것들을 전부 끊어 버리고 하나님을 향해 달음질하는 것입니다. 내 힘으로 문제를 해결하려 들지 마십시오. 그것이 집 문제든지, 얽히고설킨 대인관계든지 내 힘으로 해결하려 들지 마십시오. 내 힘으로 해결하려 들다 보면 오히려 점점 더 깊이 빠지게 되어 있습니다. 그런 문제들은 내버려 두고, 오직 하나님께서 나에게 원하시는 바가 무엇인가를 생각해서 그것을 열심히 하십시오. 그러면 하나님께서 풀 것은 푸시고, 회복시킬 것은 회복시키실 것입니다.

우리는 너무 마음이 약해서 한 가지 일에 골몰하기 시작하면 완전히 거기에 매여 버립니다. 신세진 사람을 만나서 감사를 표시해야겠다고 생각하면, 언제 어디서 만날 것인가부터 시작해서 무슨 말을 어떻게 할 것인가에 이르기까지 일일이 챙기다가 다시 노예가 되어 버립니다. 누가 나에게 상처 입힌 일을 해결할 마음을 먹으면, 그때의 상황과 자기 감정을 낱낱이 떠올리다가 다시 그 상처에 매여 버립니다. 하나님께서 말씀하시는 것이 무엇입니까? "네 문제를 네가 풀려 하지 말라"는 것입니다. 제 힘으로 그것을 풀려고 하다가는 다시 붙들리게 되어 있다는 것입니다. 마치 새가 새장에서 빠져 나오듯이 그 문제들은 고스란히 내버려 둔 채 하나님의 부르심을 향해 그냥 내달리라는 것입니다. 그러면 어떻게 됩니까? 나에게 은혜를 베푼 사람에게는 하나님께서 적절히 갚아 주십니다. 나에게 해를 입힌 사람에게는 하나님께서 적절히 복수해 주십니다.

지금은 은혜의 때입니다. 어떤 것에도 매이면 안 됩니다. 모든 문제에서 빠져 나와 나를 향한 하나님의 뜻을 향해 달려가야 합니다. 하나님의 백성으로서 나의 참모습을 되찾고 하나님의 빛을 세상에 드러내야 합니다. 우리가 하나님의 은혜로 사는 사람들이라는 것을 세상에 보여 주어야 합니다.

하나님의 심판 기준

하나님께서는 세상을 심판하실 때, 이 세상에서 고난받는 하나님의 백성을 어떻게 대하느냐를 보고 심판하겠다고 말씀하십니다. 이것은 세상 사람들의 도덕적인 기준을 무시하신다는 뜻이 아닙니다. 세상 사람들이 오해하는 것이 무엇입니까? "예수 믿는 사람들은 못된 짓을 그렇게 많이 하는데도 천국에 보내 준다 하고, 누구누구는 법 없이도 살 사람인데 단지 예수를 안 믿는다는 이유만으로 지옥에 가야 한다고 하니, 하나님은 너무 불공평하다"는 것입니다.

그러나 하나님은 불공평한 분이 아니십니다. 그분은 예수 믿는 사람들만 사랑하시는 것이 아니라 믿지 않는 사람들도 사랑하십니다. 하나님께서는 예수 믿는 사람들에게 믿지 않는 사람들보다 도덕적으로 훨씬 높은 수준을 요구하십니다. 그리고 그 수준에 맞지 않는 자들은 세상 사람들이 당하지 않는 심판을 당하게 하십니다. 똑같은 짓을 했는데도 믿지 않는 사람은 멀쩡한 반면 믿는 사람은 주야로 두들겨 맞습니다. 하나님께서는 믿는 사람들을 짜고 또 짜서 마지막 한 방울의 교만, 마지막 한 방울의 거짓까지 다 빼내고야 마십니다. 예수 믿는 사람이라고 해서 절대 그냥 천국에 보내시는 게 아닙니다. 세상에서 욕먹을 짓만 잔뜩 한 사람이 주일마다 꼬박꼬박 교회 다녔다고 해서 천국에 들여보내시지 않습니다.

그렇다면 세상 사람들은 무슨 기준으로 심판받습니까? 하나님 보시기에 좀 더 거룩한 모습으로 변해 가기 위해 이런저런 고난을 당하는 성도들을 어떤 자세로 대했느냐에 따라 심판받습니다. 제대로 된 사람이라면 의롭고 자비로운 사람이 까닭 없이 고난을 당하고 심판을 받을 때 마음에 두려움을 갖는 것이 당연합니다. '하나님은 도대체 어떤 분이시길래 저런 사람에게도 시련과 고통을 주시는가. 저런 사람이 이만큼의 고통을 받아야 한다면 나 같은 죄인은 완전히 부수어져야겠구나' 하면서 하나님을 두려워해야 마땅합니다. 그런 사람은 의인의 고통을 소중히 여기면서 어떻게 해서든지 그를 도우려 하고, 그것이 여의치 않으면 마음이라도 함께해서 그 짐을 함께 나누어지려고 할 것입니다. 말 한마디를 해도 위로가 되는 말, 축복이 되는 말을 하려고 애를 쓸 것입니다.

이처럼 고통받는 성도에게 관심을 갖는 사람은 최고의 진리를 얻어듣게 되어 있습니다. 하나님께서는 고통받는 성도에게 최고로 좋은 것을 맡겨 놓으시기 때문입니다. 그들을 무시하고 업신여기는 사람은 그 진리를 나누어 가짐으로써 영원히 구원받을 수 있는 기회를 놓칠 것입니다. 교만한 사람은 평소에도 시기하고 아니꼽게 생각하고 있던 사람이 시련을 겪을 때, 기다렸다는 듯이 멸시하고 조롱하며 그 앞에서 한껏 거들먹거립니다. 하나님께서는 그들의 교만을 결코 잊지 않으십니다. 어려움에 빠졌을 때 듣는 말은 어떤 것이든지 깊이 새겨지게 마련입니다. 누가 위로의 말 한마디만 해도 잊을 수가 없고 약간만 도와주어도 그렇게 감사할 수가 없습니다. 또 누가 멸시하는 말을 하면 그것이 또 그렇게 오래오래 아프게 가슴에 남습니다.

하나님께서는 특히 두로와 시돈에 대해 심판의 말씀을 하십니다. 그들은 이스라엘과 유다가 망했을 때, 그 백성들을 가장 고통스럽게 만든 장본인들이었습니다. "이는 그들이 이스라엘을 열국 중에 흩고 나의 땅을 나누었음이며"(3:2 하).

두로와 시돈 사람들은 이스라엘 백성들을 전 세계에 노예로 팔았는데, 일부러 가족들을 갈라서 따로 팔았습니다. 이것은 그들이 다시 돌아와 함께 모이지 못하게 하기 위한 짓이었습니다. 또한 그들이 가지고 있던 물건들은 경매에 부쳐 팔아 버렸고, 그들의 땅은 나누어 가졌습니다. 하나님께서는 두로와 시돈 사람들이 "나의 땅"을 나누었다고 하십니다. 그들이 차지한 땅은 전부 하나님의 땅이라는 것입니다. 이스라엘 백성이나 그들의 소유는 전부 하나님의 것입니다. 그 백성들이 말씀에 불순종해서 하나님이 치시기는 하셨지만, 그것은 두로나 시돈과는 아무 상관이 없는 일이었습니다. 하나님께서 치셨으면 치신 대로 두어야지, 왜 자기네들이 나서서 그 땅을 차지해 버립니까?

하나님의 백성들이 연단받고 고통받을 때 그들의 소유를 경매에 부치면 안 됩니다. 오히려 "제가 잘 간직하고 있을 테니, 꼭 찾으러 오세요. 저는 당신이 회복될 줄 믿습니다" 하면서 잘 맡아두어야 합니다. 그렇게 할 때 하나님께서 "너희가 어쩌면 그렇게 내 심정을 잘 아느냐?" 하면서 고맙게 여기십니다.

하나님께서 말씀하시는 것이 무엇입니까? 그의 백성들이 넘어졌을 때 그들의 것에 손대지 말고 내버려 두라는 것입니다. 왜냐하면 그것은 전부 하나님의 것이기 때문입니다. 그러니까 그들의 것에 손댈 생각 하지 말고, 빈말이라도 축복의 말을 해 주고 할 수만 있으면 도와주라는 것입니다. 그러면 절대로 잊지 않고 갚아 주시겠다는 것입니다.

우리가 가진 것은 우리 것이 아닙니다. 하나님께서 잠시 맡겨두신 것입니다. 그런데 이웃이 고난받는 틈을 이용하면서까지 늘리려 할 필요가 뭐가 있습니까? 혹시라도 주변 사람들이 무언가를 담보로 주면서 돈을 빌리려 하면 잘 보관하고 있다가 돌려주어야 합니다. 그것을 팔아서 득을 보려고 하면 하나님께서 심판하실 것입니다. 그리스도인은 어떤 경우에도 잔인하거나 비정하게 굴면 안 됩니다.

또 이들이 한 짓이 무엇입니까? "또 제비 뽑아 내 백성을 취하고 동남으로 기생을 바꾸며 동녀로 술을 바꾸어 마셨음이니라"(3:3). "제비 뽑아 내 백성을 취하고"라는 것은 이스라엘 백성들을 노예로 팔 때 사정을 봐주지 않았다는 뜻입니다. 이왕이면 가족들끼리 비슷한 곳으로 갈 수 있도록 팔아도 되는데, 일부러 고통을 주기 위해 제비를 뽑아서 아버지는 아버지대로, 어머니는 어머니대로, 아이들은 아이들대로 전부 다른 곳으로 팔아 버렸다는 것입니다. 형제들끼리 같이 좀 가게 해 주면 안 됩니까? 자매들끼리 같이 좀 가게 해 주면 안 됩니까? 젖먹이 좀 데려가게 해 주면 안 됩니까? 그 정도만 배려해 주었어도 두로와 시돈은 망하지 않았을 것입니다. 그러나 그들은 하루 저녁 기생과 자는 값으로 소년을 주고, 하루 저녁 술 마시는 값으로 소녀를 줄 정도로 유다 백성들을 멸시하고 우습게 보았습니다. 그들은 하나님 백성의 가치를 개 값만큼도 치지 않았습니다.

그뿐만 아니라 그들은 유다 백성들이 아예 돌아오지 못하도록 아주 먼 곳으로 팔아 버렸습니다. "또 유다 자손과 예루살렘 자손들을 헬라 족속에게 팔아서 본 지경에서 멀리 떠나게 하였음이니라"(3:6). 그 당시 헬라는 지구 끝이나 다름없었습니다. 보스포루스 해협을 넘어가면 거기서부터 유럽입니다. 그들은 아시아에서 유럽까지 유다 백성들을 팔아 버려서 다시는 연락도 못하고 돌아오지도 못하게 했습니다.

하나님께서는 택한 백성들이 말씀대로 살지 않았을 때 이방인의 손에 넘겨서 노예로 팔려 가게 하셨습니다. 그럼에도 불구하고 하나님께서 원하신 것은 이방인들이 그들을 선대해 주는 것이었습니다. 하나님의 백성이 아무리 악하다 해도 이방인에 비하면 수십 배 수백 배 거룩합니다. 아무리 하나님께서 그 백성을 자기들 손에 붙여서 고난받게 하셨다 해도, 자기들보다 수십 배 수백 배 나은 사람들이에요. 그렇다면 이들의 고난과 징계 앞에 조금이라도 두려워하고 조심하는 것이 당연합니다. 그들이 이처럼 겸손해져서 이 노예들을 자기 형제나 아들 딸처럼 여겼더라면 하나님께서도 그들에게 긍휼을 베푸셨을 것입니다. 그러나 그들은 이스라엘과 유다가 망하는 것을 보고, 마치 하나님께서 망하신 것처럼 기뻐하고 좋아했습니다.

그들이 무슨 짓을 했는지 보십시오. "곧 너희가 내 은과 금을 취하고 나의 진기한 보물을 너희 신궁으로 가져갔으며"(3:5). 유다 백성들이 가지고 있던 은과 금은 하나님의 것이었습니다. 그런데 그들은 마치 자신들이 하나님께 승리를 거둔 양 감히 상상할 수 없는 교만을 부리면서 유다 백성들의 은과 금을 자신들의 신궁으로 가져가 버렸습니다.

하나님께서 그들을 어떻게 심판한다고 하십니까? "두로와 시돈과 블레셋 사방아, 너희가 나와 무슨 상관이 있느냐? 너희가 내게 보복하겠느냐? 만일 내게 보복하면 너희의 보복하는 것을 내가 속속히 너희 머리에 돌리리니"(3:4). "보라, 내가 그들을 너희가 팔아 이르게 한 곳에서 일으켜 나오게 하고 너희의 행한 것을 너희 머리에 돌려서 너희 자녀를 유다 자손의 손에 팔리니 그들은 다시 먼 나라 스바 사람에게 팔리라. 나 여호와가 말하였느니라"(3:7-8).

"너희가 나와 무슨 상관이 있느냐?"는 것은 '너희가 나와 무슨 원한관계가 있다고 내 백성을 이토록 짓밟느냐?'는 것입니다. 하나님께서는 고통받는 성도들과 자기 자신을 일치시키십니다. 그래서 그들을 불쌍히 여기는 것이 곧 하나님을 불쌍히 여기는 것이고, 그들을 멸시하는 것이 곧 하나님을 멸시하는 것이라고 말씀하십니다.

성도들은 고난을 통해 정금처럼 변화되어 나올 것입니다. 그러나 그들을 아프게 하고 멸시했던 사람들은 하나님께서 결코 잊지 않고 심판하실 것입니다. 하나님께서 한 대 때릴 때 그들은 열 대,

스무 대씩 때렸습니다. 하나님께서 약간 낮추실 때, 그들은 침을 뱉고 발로 짓밟았습니다. 이것은 하나님을 향한 교만입니다. 하나님은 그것을 절대 잊지 않겠다고 말씀하십니다.

예수님께서 세상 마지막 날에 온 세상을 불러 모아 심판하실 때, 사람들은 양과 염소, 두 부류로 나뉠 것입니다. 천국을 소유할 양들은 누구입니까? 소자들이 굶을 때 먹을 것을 주고 벗었을 때 입을 것을 주며 병들었을 때 찾아가고 옥에 갇혔을 때 돌아본 자들입니다. 실제로 그들은 주님이 굶으실 때 먹을 것을 드리거나 헐벗으셨을 때 옷을 드린 적이 없습니다. 그러나 주님께서는 지극히 작은 소자 중 한 사람에게 한 일을 곧 그분에게 한 일로 여기겠다고 하셨습니다. 그는 고난받는 성도들과 자신을 일치시키셨습니다.

성도의 고난은 참으로 값진 것입니다. 성도의 고난에는 깊은 복음이 들어 있고 의로운 심판의 메시지가 들어 있습니다. 우리는 그 고난을 귀하게 생각해야 하며, 그 고난 앞에서 교만을 버리고 겸손해져야 합니다. 그들은 우리보다 더 거룩한 사람들일 가능성이 큽니다. 병원에서 큰 수술을 받고 사경을 헤매고 있는 사람, 경제적으로 큰 실패를 경험하고 하루하루 끼니를 걱정하고 있는 사람이야말로 하나님의 손에 붙들려 있는 의인일 수 있습니다. 그러므로 조금이라도 그들에게 관심을 가지고 도와줄 때, 그들을 보면서 사치하고 허망한 생활습관을 버리고 겸손하게 살고자 할 때, 하나님께서는 가장 귀중한 천국의 진리로 우리를 먹여 주실 것입니다.

그렇다면 염소는 누구입니까? 하나님을 믿는다고 하면서도 실제로는 세상에서 잘사는 일에 마음을 빼앗긴 사람들입니다. 그들의 눈에는 고난당하는 성도들이 미련하게 보입니다. 그러나 그들을 무시하는 것은 곧 예수님을 무시하는 것입니다.

십자가에 못박히신 예수님을 보십시오. 얼마나 미련합니까? 십자가를 피하려고만 했다면 얼마든지 피할 수 있었음에도 불구하고 그는 미련하게 거기에 달려 비참하게 죽으셨습니다. 하나님께서는 그 비참한 죽음을 통해 우리의 진심을 드러내기 원하십니다. 그렇게 의롭고 선한 분의 비참한 죽음 앞에서 어떻게 노래가 나오고 밥이 넘어가겠습니까? 이처럼 그 앞에서 정신이 아찔해지면서 '도대체 이분은 왜 이런 고통을 당해야 했는가?' 고민하며 몸부림치는 자, 그 고통을 조금이라도 나누려고 애쓰는 자에게는 하나님의 축복이 있을 것입니다.

사도 바울이 한평생 노력한 일은 그리스도의 고난에 조금이라도 더 동참하는 것이었습니다. 그는 편하게 살기를 원치 않았습니다. 그리스도가 받으신 고난의 의미를 잘 알고 있었기 때문입니다. 그리스도의 십자가를 사랑하는 사람, 그리스도처럼 낮아지기를 원하는 사람에게 상이 있다는 것을 그는 알았습니다.

구원받는다는 것은 절대로 간단한 문제가 아닙니다. 그저 설명 몇 마디 듣고 영접기도 하는 것으로 끝나는 문제가 아닙니다. 하나님께서는 우리가 저 천국에 들어가기까지 최대한 우리를 거룩하게 만드실 것입니다. 그러므로 하나님께서 쥐어짜시기 전에 말씀 듣고 자진해서 두 손 들고 나아가는 편이 훨씬 낫습니다. 말씀으로 미리 거룩해지는 편이 수백 배 수천 배 지혜로운 거예요. 한번 하나님의 손에 붙들리면 얼마나 무서운지 모릅니다.

하나님께서는 고난받는 성도들에게 가진 재산 다 퍼 주라고 하지 않으십니다. 그저 조금만 관심을 가져 주라고 하십니다. 따뜻

한 말이라도 한마디 해 주라고 하십니다. "오늘 좀 어떠세요? 계속 당신을 위해 기도하고 있습니다. 당신은 정말 귀한 분입니다"라는 말 한마디만 해도 절대 잊지 않고 갚아 주겠다고 하십니다. 말씀대로 살려고 하다가 어려움을 당한 사람이 혹시라도 도움을 청할 때 기꺼이 도와주면서 "아무 걱정 마십시오. 당신은 반드시 재기할 것입니다. 저는 그날이 올 것을 믿습니다. 당신은 복 받을 사람입니다" 하고 말해 줄 때, 하나님께서는 눈물을 흘리시면서 천국의 가장 귀한 축복을 나누어 주실 것입니다.

사랑하는 성도 여러분, 오늘 하나님 앞에서 교만한 마음, 허황한 생각, 말도 되지 않는 허영을 다 내려놓읍시다. 그리고 우리를 거룩하게 해 주시고 깨끗하게 해 주시기를 눈물로 간절히 기도합시다. 그리하여 천국의 가장 귀한 것으로 심령이 가득 차는 여러분 되시기를 축원합니다.

7

복음의 선전포고

요엘 3:9-21

^{3:9} 너희는 열국에 이렇게 광포할지어다. 너희는 전쟁을 준비하고
용사를 격려하고 무사로 다 가까이 나아와서 올라오게 할지어다!

¹⁰ 너희는 보습을 쳐서 칼을 만들지어다. 낫을 쳐서 창을 만들지어다.
약한 자도 이르기를 "나는 강하다!" 할지어다.

¹¹ 사면의 열국아, 너희는 속히 와서 모일지어다. 여호와여,
주의 용사들로 그리로 내려오게 하옵소서!

¹² 열국은 동하여 여호사밧 골짜기로 올라올지어다. 내가 거기 앉아서
사면의 열국을 다 심판하리로다.

¹³ 너희는 낫을 쓰라. 곡식이 익었도다. 와서 밟을지어다.
포도주 틀이 가득히 차고 포도주 독이 넘치니 그들의 악이 큼이로다!

¹⁴ 사람이 많음이여, 판결 골짜기에 사람이 많음이여!
판결 골짜기에 여호와의 날이 가까움이로다.

¹⁵ 해와 달이 캄캄하며 별들이 그 빛을 거두도다.

¹⁶ "나 여호와가 시온에서 부르짖고 예루살렘에서 목소리를 발하리니
하늘과 땅이 진동되리로다. 그러나 나 여호와는 내 백성의 피난처,
이스라엘 자손의 산성이 되리로다.

¹⁷ 그런즉 너희가 나는 내 성산 시온에 거하는 너희 하나님 여호와인 줄
알 것이라. 예루살렘이 거룩하리니 다시는 이방 사람이 그 가운데로
통행하지 못하리로다.

¹⁸ 그날에 산들이 단 포도주를 떨어뜨릴 것이며 작은 산들이 젖을 흘릴 것이며
유다 모든 시내가 물을 흘릴 것이며 여호와의 전에서 샘이 흘러 나와서
싯딤 골짜기에 대리라.

¹⁹ 그러나 애굽은 황무지가 되겠고 에돔은 황무한 들이 되리니 이는 그들이
유다 자손에게 강포를 행하여 무죄한 피를 그 땅에서 흘렸음이니라.

²⁰ 유다는 영원히 있겠고 예루살렘은 대대로 있으리라.

²¹ 내가 전에는 그들의 피흘림당한 것을 갚아 주지 아니하였거니와
이제는 갚아 주리니 이는 나 여호와가 시온에 거함이니라."

요즘은 좀 뜸해졌습니다만, 예전에는 한 달에 한 번씩 공습을 대비한 대피 훈련을 하곤 했습니다. 그러나 훈련하는 자세가 그렇게 진지하지는 않았습니다. 그 공습 대피 훈련은 실전이 아니라 연습에 불과했기 때문입니다. 그런데 만약 "이 공습은 훈련이 아니라 실전입니다!"라는 방송이 나온다면 상황은 완전히 뒤바뀔 것입니다. 실전에서도 농담을 하거나 웃으면서 천천히 걷는 사람은 없을 것입니다. 어떤 사람은 대피소를 향해 뛰어갈 것이고, 어떤 사람은 황급히 자기 식구들을 찾아다닐 것이며, 또 어떤 사람은 비상식량을 구하려고 가게로 달려갈 것입니다.

오늘 본문에서 우리는 이처럼 다급한 방송 소리를 듣게 됩니다. 요엘 선지자는 "이것은 훈련이 아니라 실전이다. 모두 전쟁 준비를 하고 모이라!"고 외치고 있습니다. 어느 누구도 우물쭈물할 시간이 없습니다. 개인적으로 전쟁을 좋아하느냐 좋아하지 않느냐도 문제가 되지 않습니다. 열국 백성들은 저마다 빨리 무기를 꺼내

들고 지정된 장소로 집합해야 합니다.

복음에 대한 반응

오늘 본문은 선지자가 온 세상을 향해 선전포고 하는 내용을 담고 있습니다. 선지자는 열방의 모든 나라들을 향하여 전쟁 준비를 하고 지정된 장소로 싸우러 올라오라고 방송하고 있습니다. 이 전쟁은 가장 장엄한 최후의 전쟁이 될 것입니다. "너희는 열국에 이렇게 광포할지어다. 너희는 전쟁을 준비하고 용사를 격려하고 무사로 다 가까이 나아와서 올라오게 할지어다! 너희는 보습을 쳐서 칼을 만들지어다. 낫을 쳐서 창을 만들지어다. 약한 자도 이르기를 '나는 강하다!' 할지어다"(3:9-10).

우리는 여기에서 최종적으로 이루어지는 이 전쟁이 도대체 어떤 전쟁을 의미하는지 바로 이해할 필요가 있습니다. 성경에는 묵시적인 예언을 담고 있는 책들이 있습니다. 그중에서도 대표적인 것이 요한계시록입니다. 거기에 보면 마지막 날에 사탄이 전 세력을 모아 하나님께 대적하는 내용이 나오는데, 그것이 바로 아마겟돈 전쟁입니다.

어떤 사람들은 그 구절을 근거로 마지막 때 대대적인 전쟁이 일어날 것이라고 생각하기도 합니다. 그러나 이런 묵시적 예언의 말씀은 직접적으로 해석해서는 안 됩니다. 묵시적 예언은 악이 득세하여 막강한 힘을 행사하고 있고 교회가 탄압을 받아서 정상적인 상태에 있지 못할 때 주어집니다. 즉 교회가 정상적인 설교로 의사소통을 할 수 없을 때 묵시에 나오는 바와 같은 여러 가지 상징적인 표현들을 동원해서 말씀을 전달했던 것입니다. 따라서 이런 묵시적 예언을 직접적으로 해석하여 제3차 세계대전이나 제4차 세계대전이 일어날 것으로 보는 데에는 무리가 있습니다.

온 세상 사람들에게 무기를 준비해서 전쟁하러 모이라고 외치고 있는 요엘의 선포는 마지막 전쟁을 가리키는 말씀이 아닙니다. 복음의 전파가 이 세상에 가져올 충격을 가리키는 말씀입니다. 복음은 온 세상에 대한 하나님의 선전포고입니다. 복음은 원하든 원하지 않든 누구나 들어야 하며, 반드시 반응을 나타내야 합니다. 왕이 온 나라에 명령을 내렸을 때 어떻게 해야 합니까? 신하들은 백성들에게 그 명령을 신속하게 전달해야 하고, 백성들은 원하든 원하지 않든 그 명령을 다 들어야 합니다. 왕의 명령을 그냥 묵살해 버릴 수는 없습니다. 일단 그 명령을 들은 다음에 복종할 것인지, 아니면 반기를 들고 전쟁을 준비할 것인지 선택해야 합니다.

우리나라 문민정부 때 대통령이 기습적으로 금융실명제를 발표했습니다. 그것은 주인이 감추어져 있는 모든 검은 돈에 대한 선전포고였습니다. 그 결과 전직 대통령 두 사람의 비자금이 드러나 감옥으로 가는 일이 벌어졌습니다.

복음이 그런 것입니다. 복음은 하나님의 선전포고입니다. 종교에 관심이 있는 사람이든 없는 사람이든 일단은 다 들어야 합니다. 그리고 나서 자신의 태도를 밝혀야 합니다. 예수의 발 앞에 무릎을 꿇고 복종하든지, 그게 싫으면 칼과 창을 꺼내 들고 예수와 싸우든지 해야 합니다. 그래서 사도 바울은 복음에 대해서 이렇게 말씀했습니다. "그로 말미암아 우리가 은혜와 사도의 직분을 받아 그 이름을 위하여 모든 이방인 중에서 믿어 순종케 하나니"(롬 1:5). 즉 사도의 직분은 이방인들에게 그리스도의 이름을 증거하여, 그들로 하여금 예수 그리스도의 이름 앞에 복종케 하는 일이라는 것입니다.

오늘날 많은 이들이 기독교는 하나의 인생관일 뿐이라고 말합니다. 이 세상에는 기독교적인 인생관도 있고 불교적인 인생관도 있고 유교적인 인생관도 있으니, 굳이 기독교적인 인생관을 강요하지 말라는 것입니다. 그러나 성경은 복음이 인생관이 아니라 하나님의 명령이라고 말씀합니다.

사도 바울은 예수님을 만나기 전에 기독교를 하나의 인생관으로 생각했고, 죽은 교주를 믿는 대단히 질이 좋지 못한 사교(邪敎)로 생각했습니다. 그래서 기독교를 철저히 탄압하는 것이야말로 이스라엘을 위하는 길이라고 믿었습니다. 그런데 그가 그리스도인들을 더 박해하기 위해 다메섹으로 갈 때 그리스도가 나타나 그에게 물으셨습니다. "사울아, 사울아, 네가 어찌하여 나를 핍박하느냐?"(행 9:4) 그가 대적하여 싸운 대상은 하나의 인생관이 아니었습니다. 천지의 주재이신 그리스도였습니다.

복음은 단순히 이해하고 넘어가도 되는 철학이나 지식이 아닙니다. 복음은 주권의 선포입니다. 하나님께서는 그리스도가 오시기까지 세상을 잠시 내버려 두셨습니다. 세상이 하나님의 주권으로 돌아올 수 있는 방법이 없었기 때문입니다. 사람들은 모두 죄인이요 반역자들로서 그렇게 살다가 멸망할 수밖에 없었습니다. 그러나 예수께서 십자가를 지심으로 용서의 문이 열렸습니다. 이제 누구든지 예수의 이름을 믿기만 하면 하나님의 다스림 아래 돌아올 수 있게 된 것입니다. 하나님께서는 복음을 통해 온 세상을 부르셨습니다. "온 세상 사람들아, 들어라! 이제 나는 너희를 용서하고 너희를 받아 주겠다. 너희가 가진 모든 것은 나의 것이다. 그것을 전부 가지고 돌아와 예수의 이름 앞에 무릎을 꿇어라. 무릎을 꿇기 싫다면 칼과 창을 꺼내서 나와 싸우자. 중립지대는 없다. 무릎을 꿇고 용서받든지 싸우든지 결정하라!" 이처럼 복음은 용서의 선포인 동시에 심판의 선언입니다. 그래서 복음은 선전포고입니다.

3장 10절은 "너희는 보습을 쳐서 칼을 만들지어다. 낫을 쳐서 창을 만들지어다"라고 말씀하고 있습니다. 보습은 삽입니다. 삽과 낫은 평화의 도구입니다. 지금 사람들은 전부 평화롭게 지내고 있습니다. 농사지으면서, 장사하면서, 고기 구워 먹으면서, 평화롭게 지내고 있습니다. 그러나 복음은 그런 평화를 인정하지 않습니다. 죄 용서가 없는 평화는 거짓 평화이기 때문입니다.

그래서 복음은 이 세상의 평화에 대한 가장 무서운 위협입니다. 소돔과 고모라는 팔레스타인에서 최고로 아름다운 들판이었습니다. 그러나 그 아름다운 들판에서 가장 더러운 범죄가 자행되고 있었습니다. 이상하게도 사람은 아름다운 곳에서 꼭 더러운 죄를 짓습니다. 지금 이 세상은 평화로우면 안 되는데 평화롭습니다. 죄를 지으면서도 아주 행복하게 살고 있습니다. 그 평화에 대해 하나님께서 말씀하시는 것이 무엇입니까? "이제 마지막 기회다. 아직은 용서의 문이 열려 있다. 무기를 버리고 항복하면 살려 주겠다. 그렇지 않으면 쳐들어간다!" 이것이 복음입니다.

바른 복음이 선포되는 곳에는 반드시 이 두 가지 반응 중 하나, 즉 전적인 굴복 아니면 완전한 반발이 나타나게 되어 있습니다. 어떤 사람은 예수의 이름 앞에 딱 엎드려 복종합니다. 그러나 어떤 사람은 얼굴이 시뻘게져서 무기를 집어듭니다. 복음을 듣고도 아무 반응 없이 지나갈 수는 없습니다. 복음은 내가 가진 모든 것을 예수님 앞에 내어놓고 굴복하라는 명령입니다. 예수님의 허락

없이는 아무것도 사용하지 못하도록 차압딱지를 붙이는 것입니다. 텔레비전에도 붙입니다. 눈에도 붙입니다. 입에도 붙입니다. 학벌에도 붙입니다. 애인 등에도 붙입니다. 온갖 군데 다 붙여 놓고 아무것도 내 마음대로 하지 못하도록 전부 차압해 버립니다. 그때부터 나는 완전히 예수님의 몸종입니다. 그가 가라고 하시면 가고, 서라고 하시면 서고, 죽으라고 하시면 죽어야 합니다. 복음에는 '내 것'이라는 것이 없습니다. 복음은 굉장히 무서운 것입니다.

하나님께서 그토록 나를 사랑하신다고 하면서 왜 내가 원하는 것들을 주시지 않는지 궁금합니까? 그것은 천국에서 영원토록 누리게 하시기 위해서입니다. 모세는 가나안 땅에 들어가기를 간절히 원했지만 들어가지 못했습니다. 그러나 우리는 신약성경에서 가나안 땅에 있는 변화산에 엘리야와 함께 나타난 모세의 모습을 볼 수 있습니다. 또 주님의 심판을 그토록 보기 원했던 세례 요한은 오히려 자기가 무참히 목이 잘려 죽고 말았습니다. 그러나 주님께서는 그를 천국에서 가장 위대한 선지자로 높여 주셨습니다. 하나님께서는 이 세상에 있을 때 사랑하는 자에게 모든 것을 주시지 않습니다. 오히려 이 세상에서는 눈물을 바가지로 흘리게 하십니다. 그래서 내가 가지고 있는 것이 내 것이 아니라 전부 주님의 것이며 차압당한 것임을 깨닫게 하십니다.

그것이 싫은 사람은 복음에 대항하여 싸워야 합니다. 칼을 빼서 자기 재산을 지켜야 하며, 창을 들고 자기 생활을 지켜야 합니다. 10절 하반절에서는 "약한 자도 이르기를 '나는 강하다!' 할지어다"라고 말씀하고 있습니다. 이것은 약하다고 해서 예외가 될 수 없다는 뜻입니다. 약하다고 해서 전쟁에서 제외될 수는 없습니다. 어떤 사람들은 복음을 듣자마자 몹쓸 종교라고 생각해서 적극적으로 배척합니다. 그게 잘하는 짓입니다. 그래야 지옥에 가도 떳떳하게 가요. 문제는 전적으로 받아들이는 것도 아니고 완전히 배척하지도 않는 태도입니다. 분명히 믿는 것도 아니고 그렇다고 안믿는 것도 아닙니다. 수십 년씩 교회 다니고서도 죽기 전에 "이제 죽으면 어디에 가는 줄 아십니까?" 하고 물으면 "그걸 제가 어떻게 알겠습니까? 죽어 봐야 알지요" 합니다.

오늘 말씀에 나오는 선전포고에는 두 가지 방향의 명령이 들어 있습니다. 첫 번째로 이것은 복음을 전하는 자들에게 주시는 명령입니다. 복음을 전하는 자들은 누구에게든지 무차별로 이 복음을 알려야 합니다. 상대방이 복음을 받아들이느냐 받아들이지 않느냐는 그들이 걱정할 문제가 아닙니다. 그들이 해야 할 일은 "하나님께서 곧 쳐들어오신다. 빨리 무기를 내려놓고 항복하라"는 말을 신속하게 전하는 것입니다. 두 번째로 이것은 복음을 듣는 자들에게 주시는 명령입니다. 복음을 듣는 자들은 이것을 진지하게 들어야 하고, 거기에 반응을 보여야 합니다. 예수 이름 앞에 굴복할 것인지, 아니면 그와 싸울 것인지 태도를 분명히 해야 합니다.

하늘의 전쟁

우리나라 사람들은 전쟁을 가장 무서워하고, 필리핀 사람들은 태풍을 가장 무서워하며, 일본 사람들은 지진을 가장 무서워합니다. 우리가 전쟁을 무서워하는 것은 전쟁의 고통을 겪어 보았기 때문입니다. 전쟁이 한번 일어나면 얼마나 많은 사람이 죽고 얼마나 많은 것들이 파괴되는지 모릅니다. 산들은 나무 한 그루 없는 벌거숭이가 됩니다. 집도, 공장도 다 파괴되어 온 나라가 폐허가 되어 버립니다. 그러나 가장 무서운 전쟁은 나라와 나라가 싸우는 전쟁도 아니고, 민족과 민족이 싸우는 전쟁도 아닙니다. 가장 무서운 전쟁은 하늘과 땅이 싸우는 전쟁입니다.

"사면의 열국아, 너희는 속히 와서 모일지어다. 여호와여, 주의 용사들로 그리로 내려오게 하옵소서!"(3:11). 여기에서 "주의 용사"란 하늘의 천군과 천사를 가리킵니다. 이 말씀을 보면 요엘 선지자가 '주의 복음을 거부하는 사람들이 다 모였으니 이제 천사들을 불러서 이들을 심판해 달라'는 뜻에서 이 말을 하는 것처럼 생각됩니다. 또 다르게 보면 이방 나라들이 '우리는 얼마든지 싸울 준비가 되어 있으니, 천사들이라도 올 테면 와 봐라' 하는 뜻에서 이 말을 하는 것처럼 생각되기도 합니다. 즉 세상이 교만해질 대로 교만해져서 하나님의 심판조차 두려워하지 않는다는 것입니다.

사람에게 가장 두려운 문제는 이 세상에서 잘사느냐 못사느냐 하는 것도 아니고 이 세상에서 건강하게 사느냐 병들어 고생하며 사느냐 하는 것도 아닙니다. 우리에게 가장 두려운 문제는 하나님과의 관계가 어떠하냐 하는 것입니다. 하나님과 원수 된 관계가 해결되었느냐 해결되지 않았느냐에 따라 영원한 축복과 영원한 저주가 결정됩니다. 세상에서 아무리 고생한다고 해도 그것은 일시적인 고생에 불과합니다. 그러나 하나님과 원수 된다는 것은 영원히 저주받는다는 것을 의미합니다. 지금 사람들은 고작해야 60년, 70년 편하게 살기 위해 영원히 하나님과 원수 되는 편을 선택하고 있습니다.

요즘은 지옥에 대해 설교하는 경우가 별로 없지만, 예수님께서는 지옥에 대한 설교를 많이 하셨습니다. 대표적인 것이 부자와 나사로 비유입니다. 예수님께서는 부자가 지옥에 갔다고 말씀하십니다. 지옥이 얼마나 뜨거운지 부자는 나사로를 보내서 물 한 방울만 혀끝에 찍어 달라고 아브라함에게 부탁합니다. 그가 느꼈던 이 뜨거움이 우리에게도 실감나게 와 닿아야 합니다. 예수님께서는 지옥이 불로 소금 치듯 하는 곳이라고 말씀하고 계십니다. 불에 소금을 치면 타닥타닥 튀듯이 사람들이 뜨거워서 타닥타닥 튀어 오른다는 뜻인지, 뻣뻣한 배추에 소금을 뿌려서 숨을 죽이듯이 지옥에서 조금이라도 고개를 쳐들면 소금 치듯 불로 이리 치고 저리 쳐서 전부 숨을 죽이게 만든다는 뜻인지는 알 수 없지만, 여하튼 분명한 것은 지옥이 그만큼 고통스럽다는 것입니다. 그곳은 영원히 이를 갈며 지내는 곳입니다. 우리는 이 지옥에 대해 자꾸 이야기해야 합니다. 진노의 심판에 대해 자꾸 이야기해야 합니다. 사람들이 웃으면서 편안하게 지내다가 지옥 가는 일이 없게 해야 합니다.

하늘의 용사들이 내려온다는 것은 인류 전체에 대해 하나님의 심판이 예정되어 있다는 뜻입니다. 지금은 하나님께 복종하지 않아도 세상이 잘 유지되고 있는 것처럼 보이지만, 어느 한순간 하나님께서 모든 역사를 종결하시고 온 세상을 판결 골짜기로 불러 모아 그 심판대 앞에 세우시는 때가 온다는 것입니다. 이것이 하늘과 땅의 전쟁이며, 이것이 가장 두려운 일입니다. 이 심판을 피할 수만 있다면, 세상에서 아무리 고생하며 인정받지 못하는 삶을 살았다 하더라도 참으로 복된 인생을 살았다고 할 수 있습니다. 그러나 세상에서 아무리 호강하며 잘살았다 하더라도 심판대 앞에서 하나님께서 나의 모든 죄를 기억하시고 나의 교만에 진노하신다면, 영원한 고통 속으로 떨어질 수밖에 없습니다.

하나님께서는 두 가지 추수를 통해 세상을 심판하실 것입니다.

"열국은 동하여 여호사밧 골짜기로 올라올지어다. 내가 거기 앉아서 사면의 열국을 다 심판하리로다. 너희는 낫을 쓰라. 곡식이 익었도다. 와서 밟을지어다. 포도주 틀이 가득히 차고 포도주 독이 넘치니 그들의 악이 큼이로다!"(3:12-13). 하나님께서는 먼저 날카로운 낫으로 곡식을 거두어 곳간 안에 들이실 것입니다. 그리고 나서 포도를 거두어 포도주 틀에 넣은 다음 밟으실 것입니다.

이 세상에 남는 열매는 곡식과 포도, 이 두 종류뿐입니다. 복음서에도 알곡과 쭉정이 비유가 나오지만, 그보다는 이 곡식과 포도 비유가 더 실감나는 것 같습니다. 곡식은 하나님 백성들의 삶을 의미합니다. 즉 그들이 말씀에 순종함으로써 만들어 내는 열매를 가리킵니다. 반면에 포도는 악한 자들이 욕심으로 만들어 내는 죄악된 삶을 의미합니다. 선으로 가득 찬 알곡이냐, 건드리면 터질 것처럼 죄로 가득 찬 포도송이냐, 둘 중에 하나입니다.

신앙에는 중립지대가 있을 수 없습니다. 세상에 관심을 가지면 가질수록 하나님 나라에서 멀어질 수밖에 없고, 하나님 나라에 관심을 가지면 가질수록 세상에서 멀어질 수밖에 없습니다. 사람들은 "세상 즐거움이 다 죄냐?"고 하면서 자꾸 세상을 기웃거리고, 세상 사람들이 좋아하는 것들을 따라가려 합니다. 물론 세상의 것이라고 해서 다 나쁜 것은 아닙니다. 세상에도 유익한 것들이 많습니다. 그런데 이상한 사실은, 해롭지 않다고 해서 세상의 즐거움을 하나하나 자기 삶에 채워 가면 채워 갈수록 하늘의 기쁨은 점점 더 없어진다는 것입니다. 자기도 모르는 사이에 죄의 단물이 스며 들어와 자기 삶을 포도송이처럼 탱탱하게 부풀려 놓는다는 것입니다. 그러다가 밟히면 얼마나 잘 터지는지 모릅니다.

그래서 사도 바울은 사람이 무엇을 심든지 그대로 거둔다고 말했습니다. 성령을 위해서 심는 자는 성령의 열매를 거두고 육체를 위해서 심는 자는 육체의 열매를 거둡니다. 사람들을 만나서 우스갯소리를 자꾸 하다 보면 그쪽으로 열매가 맺혀서 굉장히 웃기는 사람이 될 수 있습니다. 또 보디빌딩 하면서 좋은 체격을 만들려고 자꾸 노력하다 보면 언젠가 배에 '임금 왕' 자가 새겨지는 날이 옵니다. 그런 경우에는 웃기는 사람이 된 것이나 배에 '왕' 자 새겨진 것으로 만족해야지 왜 성령의 열매가 맺히지 않느냐고 불평하면 안 됩니다. "배에 '왕' 자도 새겨지는데 왜 성령 충만해지지 않는 거냐?" 같은 소리 하면 안 돼요. 그렇기 때문에 믿음의 선배들이 거룩을 위해서 시간을 내라고 그토록 권면한 것입니다. 시간 내서 기도하고 시간 내서 성경 보고 시간 내서 성도들과 만나면, 믿음도 부요해지고 삶도 알곡처럼 단단해집니다.

요엘은 엄청나게 많은 사람들이 심판의 대상이 되어 골짜기에 모여드는 장면을 믿음으로 미리 내다보고 있습니다. 조금만 참으면 되는데, 조금만 즐거움을 포기하면서 살면 되는데, 그걸 못해서 영원한 심판을 받게 될 사람들을 내다보고 있습니다. "사람이 많음이여, 판결 골짜기에 사람이 많음이여! 판결 골짜기에 여호와의 날이 가까움이로다"(3:14).

예수님께서 이 땅에 오셨을 때 복음을 받아들인 사람은 불과 몇 명 되지 않았습니다. 그 결과가 무엇입니까? 예루살렘에서 110만 명이 로마 군대의 칼에 죽고, 20만 명이 쇠사슬에 묶여 로마로 끌려간 것입니다. 예수님을 영접한 극소수의 사람들은 "멸망의 가증한 것이 서지 못할 곳에 선 것을 보거든"(막 13:14) 도망가라고 하신 예수님의 말씀을 기억하고 예루살렘 성에서 빠져 나왔지만, 그렇지 않고 오히려 성 안으로 들어간 사람들은 모두 죽임을 당했습니다. 판결 골짜기의 심판은 유대인들 안에서 먼저 이루어졌습니다. 하나님께서는 유대인이라고 해서 봐주시지 않았습니다.

하나님께서는 우리가 교인이라고 해서, 직분자라고 해서 봐주시지 않습니다. 오직 우리의 삶과 열매를 보시고 판단하십니다. 우리의 종교생활을 보시는 것이 아닙니다. 우리가 얼마나 말씀에 순종했는가, 얼마나 자기 욕망과 싸웠는가, 얼마나 자기 속에 있는 죄와 싸웠는가를 보시고 영원한 천국과 지옥으로 가르십니다.

그렇다면 어떻게 알곡의 열매를 맺을 수 있겠습니까? 우리가 알곡의 열매를 맺는 방법은 딱 한 가지, 하나님의 말씀 하나 붙들고 죽을 생각을 하는 것입니다. '나는 말씀 하나만으로 충분하다. 다른 것은 없어도 좋다. 하나님 한 분 안 것으로 만족하고 죽겠다' 하는 마음으로 사는 것입니다. 그럴 때 하나님께서 오히려 우리를 섬겨 주십니다.

우리는 예수 믿었을 때 이미 죽은 사람들입니다. 다시 살아나려고 하면 안 됩니다. 롯의 아내처럼 뒤돌아보면 안 돼요. '나는 이미 죽은 사람이다. 주님이 나를 가난하게 살게 하시면 가난하게 살겠고, 병을 갖고 살게 하시면 병을 갖고 살겠고, 장애를 가진 채 살게 하시면 장애를 가진 채 살겠다'고 결심해야 합니다. 그렇게 하지 않고 '내가 그래도 왕년에는 잘나가던 사람인데, 실력 있던 사람인데' 하면서 세상을 돌아보는 사람은 소금기둥이 될 것입니다. 그러나 '옛날에 가졌던 모든 야망과 욕심을 다 버리겠다. 나는 말씀 붙들고 죽겠다' 하는 사람은 주님이 조금씩 조금씩 무언가 주시기 시작하고 조금씩 조금씩 걸음을 인도하시기 시작합니다. 도대체 누가 주인이고 누가 종인지 헷갈릴 정도로 우리를 섬겨 주시고, 섬세하게 돌보아 주십니다. 나는 하나님을 위해 모든 것을 잃었고 모든 것을 버렸다고 생각했습니다. 그런데 나중에 뒤돌아 보면 내가 잃은 그 모든 것보다 훨씬 더 큰 은혜와 축복이 주어졌다는 것을 알게 됩니다. 그때 나오는 찬양이 무엇입니까? "사람이 무엇이관대 주께서 저를 생각하시며 인자가 무엇이관대 주께서 저를 권고하시나이까!"(시 8:4)

세상에 틈을 주지 마십시오. 조금만 틈을 주면 세상의 포도즙이 스며 들어오게 되어 있습니다. 거부하기 어려운 달콤한 유혹이 스며 들어와 우리를 푸르죽죽한 포도송이, 밟히는 즉시 터져 버리는 탱탱한 포도송이로 만들어 버리게 되어 있습니다.

하나님의 영광

최후의 심판이 있어야 하는 이유는, 그 심판이 있지 않으면 하나님의 영광이 온전히 선포되지 않기 때문입니다. "해와 달이 캄캄하며 별들이 그 빛을 거두도다. '나 여호와가 시온에서 부르짖고 예루살렘에서 목소리를 발하리니 하늘과 땅이 진동되리로다. 그러나 나 여호와는 내 백성의 피난처, 이스라엘 자손의 산성이 되리로다'"(3:15-16).

사람들은 해와 달이 영원한 줄 압니다. 다시 말해서 눈에 보이는 세상이 영원한 줄 알고 거기에 뜻과 소망을 두고 살아갑니다. 그러나 해와 달과 세상 모든 것은 하나님 앞에 종이 한 장에 불과합니다. 그분의 말씀 한마디에 마치 종이 한 장이 말려서 없어지듯 없어지고 말 것입니다. 사람들은 땅이 영원할 것처럼 착각해서 한껏 사 놓고 땅땅거리며 살고 있지만, 주님이 오시면 땅도 종이처럼 말려 없어져 버릴 것입니다.

요엘은 금방 빛을 잃고 마는 해, 달, 별과 시온에서 부르짖으시는 하나님의 목소리를 비교하고 있습니다. 두 가지 중에 어느 쪽이 더 확실해 보입니까? 사람들은 해, 달, 별은 영원한 반면 하나님의 말씀은 아무것도 아니라고 생각합니다. 그러나 요엘은 시온에서 부르짖으시는 하나님의 목소리야말로 해, 달, 별보다 영원하고, 하늘, 땅보다 영원하며, 눈에 보이는 지식, 부귀, 영화, 돈보다 확실하다고 말하고 있습니다.

우리가 보기에는 내 이름으로 되어 있는 집이 확실한 것 같고, 세상이 인정해 주는 자격증이 확실한 것 같고, 공무원이라든지 대기업 사원 같은 신분이 확실한 것 같습니다. 사실 말씀 듣는다고 떡이 생깁니까, 밥이 생깁니까? 그럼에도 불구하고 성경은 우리 눈에 보이는 저 해와 달보다, 우리가 가지고 있는 정보나 지식이나 부귀나 영화보다 확실한 것이 바로 오늘 우리가 듣고 있는 하나님의 말씀이라고 말하고 있습니다. 하나님께서는 그 말씀을 듣는 자들에게 영원한 피난처가 되어 주실 것입니다.

하나님께서 목소리를 발하시는 시온이 어디입니까? 바로 이곳, 말씀이 선포되고 있는 교회입니다. 예수님께서는 어디에서 예배해야 하느냐는 수가 성 여인의 질문에 이렇게 대답하셨습니다. "이 산에서도 말고 예루살렘에서도 말고…… 신령과 진정으로 예배할 때가 오나니 곧 이때라. 아버지께서는 이렇게 자기에게 예배하는 자들을 찾으시느니라"(요 4:21-23). 하나님께서는 더 이상 장소에 한정되지 않으십니다. 하나님을 진심으로 찾고 만나기 원하는 자들은 언제 어디서나 그분을 만날 수 있습니다. 하나님께서는 그 공동체 안에 거하실 것이며, 그 공동체 안에 있는 사람은 결코 실족하지 않을 것입니다.

"그런즉 너희가 나는 내 성산 시온에 거하는 너희 하나님 여호와인 줄 알 것이라. 예루살렘이 거룩하리니 다시는 이방 사람이 그 가운데로 통행하지 못하리로다"(3:17). 하나님께서는 온 세상을 심판하시는 분이 바로 오늘 교회에서 말씀하시는 그 하나님이시라는 사실을 분명히 하십니다. 그러면서 예루살렘이 회복되면 다시는 이방 사람들이 그 가운데로 다니지 못할 것이라고 하십니다. 여기 나오는 "이방 사람"은 점령군입니다. 그러니까 이 말씀은 다시는 예루살렘이 점령되지 않는다는 뜻입니다.

이것은 신약 교회의 위상을 보여 줍니다. 신약 교회는 구약 교회처럼 이방인들의 손에 파괴되지 않을 것입니다. 물론 신약 교회도 하나님의 말씀을 떠났을 때 없어지기도 하고 파괴되기도 했습니다. 그러나 여기에서 말하는 예루살렘은 형식적인 교회를 가리키는 말이 아닙니다. 하나님의 말씀에 헌신된 공동체를 가리키는 말입니다. 즉 그런 공동체는 절대 점령군이 들어오지 못하도록 영원토록 지켜 주신다는 것입니다.

제2차 세계대전 당시, 영국의 유명한 설교자 로이드 존스 목사가 설교하던 웨스트민스터 교회가 폭격의 위험에 노출되어 있었습니다. 바로 근처에 버킹엄 궁이 있었기 때문입니다. 로이드 존스 목사는 자주 지방에 가서 설교했는데, 하루는 설교한 교회의 목사님이 버킹엄 궁 주변이 심한 폭격을 받았다는 소식을 듣고 저녁 설교까지 하고 가라고 권했습니다. 그러나 로이드 존스는 자신의 교회에서 저녁 설교를 할 수 있을 것이라고 확신 있게 말한 다음, 택시를 타고 런던으로 향했습니다. 그런데 런던에 도착하자 택시 기사가 웨스트민스트 교회까지는 갈 수 없다고 했습니다. 그는 버킹엄 궁 주변이 폭격으로 전부 폐허가 된 것으로 볼 때 교회도 무너졌을 것이 분명하니 가지 말라고 말렸습니다. 그러자 로이드 존스 목사는 이렇게 말했습니다. "그렇지 않을 겁니다. 바른 말씀이 선포되고 있는 우리 교회를 하나님께서 지켜 주셨을 겁니다." 그의 믿음대로 웨스트민스터 교회는 안전했고, 그는 저녁 설교를 할 수 있었습니다.

진정으로 하나님의 말씀에 헌신된 공동체야말로 시온이요 예루살렘입니다. 하나님께서는 해와 달보다 더 견고하게 그 공동체를 지켜 주십니다. 말씀에 헌신한다는 것이 무엇입니까? 그것은 인간적인 가능성을 다 버린다는 뜻이고, 자신을 가장 불안정한 상태에 방치한다는 뜻입니다. 사실 말씀만 가지고 할 수 있는 것이 무엇이 있겠습니까? 그러나 '말씀 듣는 것 하나로 만족하고 죽겠다' 생각하고 조금만 더 기다려 보십시오. 하나님은 틀림없는 분이십니다. 다시는 이방인들이 출입하지 못하도록 지켜 주시고 축복해 주실 것입니다. 여기에서 이방인들이 출입하지 못한다는 것은 불신자들이 교회에 들어오지 못하게 하신다는 뜻이 아닙니다. 교회에는 새로운 사람들이 계속해서 들어와야 합니다. 도덕적으로 실패한 사람들, 건강을 다친 사람들, 사업에 실패한 사람들이 자꾸자꾸 들어와야 합니다. 그러나 믿으려고 하지 않는 사람, 공동체를 파괴하려고 하는 사람, 믿음이 약한 이들을 시험에 빠뜨리려 하는 사람들은 결코 들어오지 못하도록 지켜 주실 것입니다.

요엘은 신약 교회에 약속된 풍성한 성령의 역사에 대해 이렇게 말하고 있습니다. "그날에 산들이 단 포도주를 떨어뜨릴 것이며 작은 산들이 젖을 흘릴 것이며 유다 모든 시내가 물을 흘릴 것이며 여호와의 전에서 샘이 흘러 나와서 싯딤 골짜기에 대리라"(3:18). 이것은 교회를 통해 흘러넘칠 풍성한 성령의 역사를 가리킵니다. 여기에 나오는 포도주는 좋은 포도주입니다. 산에서 포도주가 흘러내리고 젖이 시내가 되어 흘러내릴 것입니다. 어느 해 여름에 설악산에 갔는데, 비가 아주 많이 왔습니다. 그러니까 설악산의 옆구리가 터지면서 그 전에 없던 폭포가 수십 개나 생겨났습니다. 아예 산 전체가 폭포가 되어 쏟아져 내리는 것 같았습니다.

성령이 역사하시면 교회의 옆구리가 터지면서 포도주와 젖이 폭포처럼 쏟아져 내립니다. 그리고 그 포도주와 젖은 싯딤 골짜기를 통과하여 사해를 살려 냅니다. 싯딤 골짜기는 아카시아 나무가 많은 메마른 골짜기로서, 사해에 연결되어 있는 곳입니다. 교회에서 말씀이 선포되고 성도들이 믿음으로 그 말씀에 반응할 때 흘러나오는 충만한 은혜와 성령의 역사는 세상으로 흘러가 세상을 살려 냅니다.

세상에 이 귀한 말씀을 직접 줄 필요는 없습니다. 그들은 그 가치를 모르기 때문입니다. 그러나 은혜의 부스러기는 나누어 줄 수 있습니다. 사람들은 설교를 들려 주면 화를 내도, 따뜻한 말 한마디를 건네거나 작은 친절을 베풀면 굉장히 감격합니다. 교회에서 은혜가 흘러 나가지 않으면 세상은 소망이 없습니다. 우리는 매일 신문을 보면서 좋은 소식을 찾지만 거기에서는 좋은 소식이 나올 수 없습니다. 참으로 기쁜 소식은 "그리스도인들이 은혜 받았다! 교회의 옆구리가 터졌다! 거기에서 젖과 포도주가 흘러 나온다! 거기에서 은혜의 부스러기가 떨어진다!"는 것입니다. 성령의 역사가 일어나지 않는 교회는 죽은 교회로서, 세상에 아무 유익도 줄 수 없습니다. 참된 말씀의 역사가 일어나는 교회만이 세상을 겸손하게 만들고 세상에 두려운 마음을 불러일으킬 수 있습니다.

요엘은 애굽과 에돔이 황무지가 될 것이라고 말합니다. 그들은 하나님의 백성들을 핍박했던 자들입니다. 반면에 유다와 예루살렘은 영원히 있을 것이며 하나님께서 그들의 피흘림을 갚아 주실 것입니다. 이 세상이 보기에 하나님의 백성들은 아무도 도와줄 이 없는 고아들 같습니다. 그래서 그들을 괴롭히고 박해합니다. 그러나 그것은 하나님께서 자기 백성들을 훈련시키는 과정입니다. 일단 훈련이 끝나면 애굽과 애돔은 더 이상 존재할 필요가 없어집니다. 세상의 악은 하나님의 백성들을 훈련하기 위해 존재합니다. 훈련이 끝나면 사라질 것입니다.

　오늘 주님께서 우리에게 성령을 쏟아부어 주셔서 가장 불쌍한 내가 가장 복받은 나로 변하게 되기를 바랍니다. 말씀을 듣는 우리 한 사람 한 사람을 그 약속대로 지켜 주시고 풍성한 삶으로 인도해 주시기를 바랍니다. 오늘 바로 이 자리에서부터 은혜의 젖과 포도주가 세상으로 흘러 나감으로써 이 세상 사람들이 그 은혜의 부스러기를 나누어 먹는 축복이 있기를 바랍니다.

소선지서 강해설교

요엘: 부흥을 기다리는 사람들

Expository Sermons on Joel

지은이 김서택
펴낸곳 주식회사 홍성사
펴낸이 정애주
국효숙 김경석 김의연 김준표 박혜란 송승호 오민택
오형탁 이현주 임영주 주예경 차길환 최선경 허은

2002. 4. 19. 초판 1쇄 발행   2013. 7. 10. 초판 10쇄 발행
2020. 3. 31. 개정판 1쇄 인쇄   2020. 4. 14. 개정판 1쇄 발행

등록번호 제1-499호 1977. 8. 1.
주소 (04084) 서울시 마포구 양화진4길 3   **전화** 02) 333-5161   **팩스** 02) 333-5165
홈페이지 hongsungsa.com   **이메일** hsbooks@hongsungsa.com   **페이스북** facebook.com/hongsungsa
양화진책방 02) 333-5163

ⓒ 김서택, 2002

ISBN 978-89-365-1418-1 (03230)